LES TÊTES COUPÉES
ET LES
TROPHÉES EN GAULE

PAR

Adolphe REINACH

AVEC 3 PLANCHES

Extrait de la *Revue Celtique*

PARIS
LIBRAIRIE ANCIENNE H. CHAMPION, ÉDITEUR
ÉDOUARD CHAMPION
5, QUAI MALAQUAIS (6e)

—

1913
Téléphone : Gobelins 28-20

LIBRAIRIE ANCIENNE E. CHAMPION, Éditeur, 5, Quai Malaquais

ÉTUDES LINGUISTIQUES SUR LES DOCUMENTS DE LA MISSION PELLIOT

Fasc. I. — **Les noms de nombre en Tokharien B**, par Silvain Levi et A. Meillet, professeurs au Collège de France. In-8, 14 pages. . . . . **1 fr.**
Fasc. II. — **Le Sutra du religieux Ongles-Longs**, texte sogdien avec traduction et version chinoises, par Robert Gauthiot, professeur à l'École pratique des Hautes Études. In-8 et un fac-similé. . . . . **3 fr.**
Fasc. III. — **Remarques sur les formes grammaticales de quelques textes en tokharien B. I. Formes verbales**, par S. Levi et A. Meillet, 1912, In-8. **2 fr. 50**
Fasc. IV. — **Un fragment du Suvarnaprathasasutra en iranien oriental**, par P. Pelliot, professeur au Collège de France. In-8. . . . . **2 fr. 50**

COLLECTION LINGUISTIQUE

Publiée par la Société Linguistique de Paris.

Cohen (Marcel), chargé de cours à l'École des Langues Orientales. **Le parler Arabe des Juifs d'Alger**. In-8, XVII-559 pages. . . . . **25 fr.**

Description phonétique et grammaire détaillée de l'arabe tel qu'il est parlé par les Juifs à Alger. Il s'y ajoute des études sur le vocabulaire où sont examinés en particulier les emprunts romans, dont l'importance est grande dans les dialectes arabes de Maghreb. A la fin du volume quelques textes donnés comme spécimen de la langue peuvent intéresser les ethnographes par leur contenu.

Déjà parus :

— I. A. Meillet. **Les dialectes indo-européens**, 1907. . . . . **4 fr. 50**
— II. **Mélanges linguistiques offerts à M. F. de Saussure**, 1908. . . **10 fr. 50**
— III. A. Ernout. **Les éléments dialectaux du vocabulaire latin**, 1909 **7 fr. 50**

LA BRETAGNE ET LES PAYS CELTIQUES

1re série. In-18.

IX. Ernault. **L'ancien vers breton**. Exposé sommaire avec exemples et vers bretons anciens et modernes. In-12, 79 p. . . . . **2 fr.**
X. Geniaux (Charles). **La Bretagne vivante**. 1912. In-12 de 295 pages **3 fr. 50**

I. La Bretagne pauvre. — II. Le Communisme rural au Pays Gallot. — III. La Vie bretonne. — IV. Les Rebouteurs. — V. Magiciens et Sorciers. — VI. Le Culte de la Mort. — VII. Les Artisans bretons. — VIII. Le Mobilier breton. — IX. Les pêcheurs sardiniers. — X. Le Retour des Islandais. — XI. Les Sauveteurs bretons. — XII. L'Enfant breton. — XIII. Proclamation de la Révolution dans un village morbihannais. — XIV. Chez les Bigoudens. — XV. Le Pardon de Saint-Jean-du-Doigt. — XVI. Ploërmel et Josselin. — XVII. Le Golfe du Morbihan. — XVIII. Au pays des Chapens blancs.

Sous presse : XI. Dottin (G.). **Manuel d'Irlandais moyen**, 2 vol. in-12 : t. I, Grammaire ; t. II, texte et glossaire. *Ensemble*. . . . . **12 fr.**

Rappel.

I. Ch. Le Goffic. **L'Ame bretonne**. 1re série, 5e édit. In-12 illustré. . . . **3 fr. 50**
II. A. Le Braz. **Vieilles histoires du Pays breton**. In-12. . . . . **3 fr. 50**
III. L. Tiercelin. **Bretons de Lettres**. In-12. . . . . **3 fr. 50**
IV. G. Dottin. **Manuel pour servir à l'étude de l'antiquité celtique**. In-12. En réimp.
V. Ch. Le Goffic. **L'Ame bretonne**, 2e série, 4e édition. In-12 illustré. **3 fr. 50**
VI. A. Le Braz. **Au pays d'exil de Chateaubriand**. In-12. . . . . **3 fr. 50**
VII. L. Dubreuil. **La Révolution dans les Côtes-du-Nord**. In-12. . . **3 fr. 50**
VIII. Ch. Le Goffic. **L'Ame bretonne**. 3e série, 3e édition. In-12. . . . **3 fr. 50**

MACON, PROTAT FRÈRES, IMPRIMEURS.

LES TÊTES COUPÉES
ET LES
TROPHÉES EN GAULE

MACON, PROTAT FRÈRES, IMPRIMEURS.

LES TÊTES COUPÉES

ET LES

TROPHÉES EN GAULE

PAR

Adolphe REINACH

AVEC 3 PLANCHES

Extrait de la *Revue Celtique.*

PARIS

LIBRAIRIE ANCIENNE H. CHAMPION, ÉDITEUR
ÉDOUARD CHAMPION
5, QUAI MALAQUAIS (6ᵉ)

1913
Téléphone : Gobelins 28-20

LES TÊTES COUPÉES
ET
LES TROPHÉES EN GAULE

Depuis qu'à la lumière de l'ethnographie comparée on commence à mieux comprendre les coutumes des populations celtiques, trop souvent faussées par les explications qui les confrontaient aux usages de la civilisation classique au lieu de les rapprocher de ceux des populations sauvages ou à demi-civilisées, l'interprétation de certaines sculptures et de certaines monnaies a fait parler du *rite celtique des têtes coupées*. Mais on n'a pas encore assemblé, dans une étude systématique, l'ensemble des textes et des monuments qui peuvent nous éclairer sur cette coutume. Au cours de recherches sur le caractère religieux dont les guerres, avec les armes qu'on y emploie et les conventions qui les règlent, étaient revêtues à l'origine, il m'a semblé que la meilleure façon de retrouver la valeur originelle de ce rite des têtes coupées serait de grouper tous les documents qui le concernent autour des quelques textes précis et des monuments bien connus qui en montrent la persistance en Gaule à la veille de la conquête romaine. On espère qu'ainsi comprise cette étude ne se bornera pas à fournir une interprétation exacte de ces textes et de ces monuments plus souvent allégués que bien expliqués ; quelque lumière en pourra rejaillir sur l'ensemble des rites et coutumes concernant les trophées de guerre dont l'importance pour l'histoire de nos origines n'a pas besoin d'être signalée.

Commençons par traduire et par commenter les deux textes capitaux de Diodore et de Strabon. On sait qu'ils résument celui de Posidonios d'Apamée qui voyagea en Gaule une dizaine d'années avant la conquête romaine (v. 80-70). Mais on ne se dit peut-être pas assez que les observations de ce philosophe stoïcien doivent être traitées avec le même respect que celles d'un Mac Lennan, d'un Skeat ou d'un Taylor.

Voici donc ce que Posidonios nous dit d'après Diodore, traduit aussi exactement que possible[1] : « Aux ennemis tombés ils coupent la tête et l'attachent au cou de leurs chevaux. Quant aux dépouilles maculées de sang, ils les remettent à leurs écuyers et les emportent en butin[2] en exécutant une marche triomphale et chantant un hymne de victoire[3] ; pour

---

[1]. Diodore, V 29, § : Τῶν δὲ πεσόντων πολεμίων τὰς κεφαλὰς ἀφαιροῦντες περιάπτουσι τοῖς αὐχέσι τῶν ἵππων· τὰ δὲ σκῦλα τοῖς θεράπουσι παραδόντες ᾑμαγμένα, λαφυραγωγοῦσιν, ἐπιπαιανίζοντες καὶ ᾄδοντες ὕμνον ἐπινίκιον καὶ τὰ ἀκροθίνια ταῦτα ταῖς οἰκίαις προσηλοῦσιν ὥσπερ οἱ ἐν κυνηγίαις τισὶ κεχειρωμένοι τὰ θηρία. Τῶν δ᾽ ἐπιφανεστάτων πολεμίων κεδρώσαντες (ici le *indobonensis* II ajoute καὶ κεδρίνῳ θήκῃ ἐνβάλλοντες, née d'une interprétation erronée de κεδρώσαντες) τὰς κεφαλὰς ἐπιμελῶς τηροῦσιν ἐν λάρνακι, καὶ τοῖς ξένοις ἐπιδεικνύουσι, σεμνυνόμενοι διότι τῆσδε τῆς κεφαλῆς τῶν προγόνων τις ἢ πατὴρ καὶ αὐτὸς πολλὰ χρήματα διδόμενα οὐκ ἔλαβε. Φασὶ δέ τινας αὐτῶν καυχᾶσθαι διότι χρυσὸν ἀντίσταθμον τῆς κεφαλῆς οὐκ ἐδέξαντο, βάρβαρόν τινα μεγαλοψυχίαν ἐπιδεικνύμενοι· οὐ γὰρ τὸ μὴ πωλεῖν τὰ σύσσημα τῆς ἀρετῆς εὐγενές, ἀλλὰ τὸ πολεμεῖν τὸ ὁμόφυλον τετελευτηκὸς θηριῶδες.

[2]. On ne considère donc proprement comme butin, λάφυρον, que les vêtements. On distingue la tête et les armes pour leur faire un sort particulier. Les têtes sont tenues pour des prémices, ἀκροθίνια. Diodore n'a pas employé ce mot sans raison : pour des Grecs de son temps le λάφυρον c'est le butin que les soldats se partagent, les ἀκροθίνια les prémices réservés aux dieux, exactement le haut du — ou des — tas formés avec les dépouilles. On verra que les Gaulois avaient précisément l'habitude de former un monceau de toutes les dépouilles. Cf. p. 41.

[3]. Ici aussi, il ne faut pas confondre les deux termes employés. Chacun doit avoir sa valeur propre : puisque ᾄδοντες ὕμνον ἐπινίκιον ne peut désigner que le chant de victoire — c'est l'*ovantes moris sui carmine* et l'*ovantes* tout court des textes de Tite Live cités plus bas (peut-être le rappel des victoires des ancêtres comme le font les Coralles de Val. Flaccus, X, 90), — ἐπιπαιανίζοντες doit désigner la danse guerrière qui l'accompagnait. Notre terme de *marche triomphale* a précisément le même double sens : à la fois un pas particulier et l'air qui le cadence. Ces danses guerrières comprenaient des hurlements et des bondissements cadencés, des entrechoquements de glaives et de boucliers comme il résulte de Liv. V, 38 ; VII, 23 ; XXI, 28 et 42

les trophées ils les clouent à leurs maisons comme on le fait à l'égard de certains animaux tués à la chasse [1]. Pour les têtes des ennemis les plus illustres, ils les embaument soigneusement avec de l'huile de cèdre et les conservent dans une caisse. Ils les montrent aux étrangers en se glorifiant de ce que telle tête, l'un de leurs ancêtres, ou leur père ou quelque autre, n'a pas voulu la vendre, quelque argent qu'on lui en offrit. Il en est même qui se vantent de ne pas avoir voulu céder une tête pour son pesant d'or, montrant en cela un orgueil de sauvages [2]. Car, s'il est noble de ne pas mettre à prix les insignes de la bravoure, faire la guerre aux gens de sa race même morts, c'est un acte de bête féroce [3]. »

Cette réflexion dénote bien le philosophe stoïcien et la façon dont est rappelée la jactance des Gaulois a toute l'allure de souvenirs personnels. Cette impression est confirmée par le texte de Strabon : « A cette absence de réflexion — Stra-

XXIII, 36; XXV, 17; XXXVIII, 17; Polyb. II, 29 et 30 (Il emploie σφαγιαζόντων); III, 43; VI, 24; Sil. Ital. VII, 146; IV, 215; X, 230; App. Celt. 8; Tac. Hist. IV, 18 (peut-être aussi le choc de talons de lances en forme de sphères creuses, cf. Rev. Et. Anc., 1912, 282).

1. Littéralement, il faudrait traduire *comme ceux qui coupent pour eux les animaux dans certaines chasses*. Dans l'antiquité, comme aujourd'hui, tous les animaux n'étaient pas admis dans les trophées de chasse : les monuments ne montrent guère fixés aux arbres de Diane chasseresse que des têtes d'animaux à bois ou ramure ou des têtes de bêtes féroces, ours, loups ou sangliers (cf. Roscher, *Lexikon*, I, 311 ; Boetticher, *Baumkultus*). Les textes apprennent qu'on y clouait la peau, la tête et les pieds (Diodore, IV, 22 ; Schol. Aristoph., *Plutus*, 943 ; Philostrate, *Imag.* I, 28 ; *Anth. lat.* VI, 96, 111, 112, 253).

2. On pourrait aussi comprendre « une sorte de grandeur d'âme barbare »; mais le sens péjoratif ne semble plus indiqué par le contexte.

3. Ce qui, dans l'esprit de l'auteur grec, est digne d'une bête féroce, c'est non pas de tuer un concitoyen, mais de le poursuivre même après sa mort. On sait quelle horreur avait causé, chez les Grecs habitués aux trêves permettant d'ensevelir religieusement ceux qui étaient tombés dans le combat, l'indifférence des Gaulois comme des Romains en ces matières. Les Grecs adressaient aux Romains les mêmes reproches après la défaite de Philippe V à Kynoscéphales (Liv. XXXVI, 8) et celle d'Antiochos III aux Thermopyles (d'où la légende de Scipion, le vainqueur, dévoré en punition par un loup, comme je l'ai montré *Bull. Corr. Hell.*, 1910, p. 277). Pausanias, X, 21, s'étonne de même que les Gaulois aient « tenu pour indifférent d'être enseveli à terre ou d'être la proie des bêtes sauves et des oiseaux de proie ».

bon vient de rappeler que les Gaulois sont aussi insupportables d'orgueil dans leurs victoires que vite accablés par la défaite — s'ajoute une coutume barbare et inhumaine, qui se retrouve chez la plupart des nations du Nord : au sortir du combat ils suspendent au cou de leurs chevaux les têtes des ennemis qu'ils ont tués et les rapportent avec eux pour les fixer en spectacle au grand portail de leurs maisons [1]. — Posidonios dit en avoir été souvent témoin et avoir été long à se faire à cette vue ; toutefois, l'habitude avait fini par l'y rendre insensible. — Quant aux têtes des grands personnages, ils les montraient aux étrangers conservées dans de l'huile de cèdre [2] et se refusaient à les vendre, fût-ce au poids de l'or. Les Romains ont mit un terme à ces pratiques [3]..... »

1. Προπύλαια ne doit pas être rendu par *porte* comme le fait Tardieu dans sa traduction française ou par *vestibulis aedium* selon la trad. latine du Didot. Il s'agit d'une porte qui est au devant de celle de la maison ; je penserais à celle de la cour qui s'étendait au devant des bâtiments plutôt qu'à des auvents en bois ombrageant et précédant la grande porte comme le fait Jullian, *Hist. de la Gaule*, II, p. 322, 5. Nous verrons que la signification religieuse de ces trophées implique qu'ils soient placés sur le seuil même, du moins sur ce pourtour de la propriété qui en formait la limite sacrée.

2. On aurait dû mettre ce fait davantage en lumière : l'huile de cèdre est celle dont les Égyptiens se servent pour embaumer (Hérod. II, 81 ; Diod. I, 91, 6 ; Plin. XXIV, 17 ; Dioscor. I, 105) sans doute parce que Osiris passait pour avoir été enseveli dans un cèdre (cf. K. Sethe, *Aegypt. Zeitschrift*, 1908, p. 13). Les anciens celtomanes y voyaient une preuve de plus des connexions lointaines entre Gaulois et Égyptiens (à ajouter à celles que j'ai rappelées, *Rev. d. Et. anc.*, 1911). Ce qui est certain, c'est que le cèdre ne poussait qu'en Syrie et en Cilicie, en Chypre et en Crète, en Afrique, peut-être aussi en Phrygie et en Thrace. Si ce n'est pas un autre arbre résineux que Posidonios désignait sous le nom de κέδρος (il est confondu notamment parfois avec le genévrier), le fait rapporté est à ajouter à tous ceux qui montrent l'étendue des relations commerciales des Gaulois : leurs frères de Thrace, de Phrygie ou d'Égypte n'avaient-ils pu leur faire connaître la recette ? Les Perses savaient aussi embaumer la tête de leurs ennemis, comme il résulte de ce qu'Hérodote écrit de la tête d'Histiée, II, 30.

3. Strabon, IV, 4, 5 : Πρόσεστι δὲ τῇ ἀνοίᾳ καὶ τὸ βάρβαρον καὶ τὸ ἔκφυλον, ὅ τοῖς προσβόρροις ἔθνεσι παρακολουθεῖ πλεῖστον, τὸ ἀπὸ τῆς μάχης ἀπιόντας τὰς κεφαλὰς τῶν πολεμίων ἐξάπτειν ἐκ τῶν αὐχένων τῶν ἵππων, κομίσαντας δὲ προσπατταλεύειν τοῖς προπυλαίοις. Φησὶ γοῦν Ποσειδώνιος αὐτὸς ἰδεῖν ταύτην τὴν θέαν πολλαχοῦ, καὶ τὸ μὲν πρῶτον ἀηδίζεσθαι, μετὰ δὲ ταῦτα φέρειν πρᾴως διὰ τὴν συνήθειαν. Τὰς δὲ τῶν ἐνδόξων κεφαλὰς κεδροῦντες ἐπεδείκνυον τοῖς ξένοις, καὶ οὐδὲ πρὸς ἰσοστάσιον χρυσὸν ἀπολυτροῦν ἤξιουν. Καὶ τούτων δ'ἔπαυσαν αὐτοὺς Ῥωμαῖοι.

On a montré ailleurs[1] que cette remarque finale a dû être ajoutée par Strabon, quand, vers l'an 21, il mit la dernière main à son œuvre. Elle nous fournit la limite extrême pour l'usage de la décollation de l'ennemi tué.

L'usage, ainsi constaté pour les Gaulois du temps de César, remontait au moins à ceux du IV° siècle. En 295, avant cette bataille de Sentinum où Décius n'allait pouvoir arracher l'armée romaine à la fureur gauloise qu'en se dévouant aux dieux infernaux, une légion entière fut surprise par les Gaulois et anéantie jusqu'au dernier homme. Les consuls n'en furent avertis que lorsqu'ils furent en vue des Gaulois, *cum in conspectu fuere Gallorum equites, pectoribus equorum suspensa gestantes capita et lanceis infixa, ovantesques moris sui carmine*[2]. Si les cavaliers portaient les têtes coupées au poitrail de leurs montures, c'étaient sans doute des fantassins qui les fichaient à la pointe de leurs lances. Quelques années plus tard, même coutume chez les Gaulois qui envahissent non plus l'Italie, mais la Grèce : la tête du roi macédonien vaincu, Ptolémée Kéraunos, est promenée par les vainqueurs au bout d'une pique, *lancea fixum tota acie, ad terrorem hostium circumfertur*[3]. Avant Télamon, on voit les Gaesates rapporter à leurs rois la tête du consul Atilius tué dans un engagement[4].

Une troisième variété du rite qui nous occupe est signalée par Tite Live à propos de la surprise où, en 216, le consul L. Postumius périt avec deux légions sous les coups des Boïens: *spolia corporis capitique ducis praecisum Boii ovantes templo, quod sanctissimum est apud eos, intulere : purgato inde capite ut mos iis est, calvam auro caelavere. Idque sacrum vas iis erat, quo solemnibus libarent ; poculumque idem sacerdoti esse ac templi antistibus*[5].

1. Cf. A. Reinach, *Revue archéologique*, 1912, II, p. 230.
2. Tite Live, X, 26, 11.
3. Justin, XXIV, 5. Pour les Galates, cf. la femme d'Ortiagon coupant la tête du centurion, Pol. XXI, 38 ; Liv. XXXVIII, 24.
4. Polybe, II, 28 (136). Cf. III, 67 (les Gaulois agissent de même après la bataille du Tésin).
5. Liv. XXIII, 24. C'est d'après lui que Silius Italicus écrit, *Pun.*, XIII, 481-2.
    At Celtae vacui capitis circumdare gaudent
      Ossa (nefas) auro, ac mensis ea pocula servant.
Kroum le Bulgare buvait de même dans le crâne de Nicéphore I enchâssé d'un cercle d'or. Cf. p. 11, n. 3. — Pour la discussion de ces textes, voir la seconde partie de ce travail, p. 57.

C'était donc une habitude des Gaulois que de consacrer dans leurs temples la tête coupée du chef ennemi : on garnissait d'or le crâne et il servait ainsi aux prêtres et à ses acolytes pour les libations solennelles. C'est évidemment à cet usage que fait allusion Florus, quand, parmi les traits de férocité des Gaulois Scordisques, il rapporte qu'ils propitiaient les dieux par du sang humain et buvaient dans des crânes, *litare diis sanguine humano, bibere in ossibus capitum* [1].

Avec les Scordisques nous sommes sortis des Gaules.

Nous avons vu, d'ailleurs, que, selon Posidonios, cette coutume aurait été répandue chez la plupart des peuples du Nord. Un faisceau de textes vient corroborer son affirmation.

Chez les Germains, dans la plus fameuse de leurs victoires, celle de la forêt de Teutobourg, le rite a dû être appliqué. Germanicus, en l'an 21, retrouve, au milieu des ruines du camp de Varus, les ossements blanchis des morts, à l'endroit même où ils avaient succombé, les fragments d'armes, les membres des chevaux, « des têtes fixées aux troncs des arbres et, dans les bois voisins, les autels sur lesquels les Germains avaient immolé les tribuns et les premiers centurions » [2]. Il est manifeste que les Germains ont jeté sur le champ de bataille un de ces interdits religieux qui empêchent d'y rien toucher [3] : tout, consacré aux dieux, était resté en place.

---

1. Florus, III, 4, 2. Ammien emploie presque les mêmes termes, XXVII, 4, 4 : *hostiis captivorum Bellonae litantes et Marti, humanumque, sanguinem in ossibus capitum cavis bibentes avidius*, et Orose, 358 : *raptis, cum poculo opus esset, humanorum capitum ossibus cruentis capillatisque adhuc ac per interiores cavernas male effuso cerebro oblitis utebantur* (cf. Landulfus dans les *Auctores antiquissimi*, II, p. 275, des *Monumenta Germaniae*). L'usage de boire dans un crâne était pratiqué en Gaule dès l'époque paléolithique (Breuil et Obermaier, *L'Anthropologie*, 1909, 210 et 523) ; on le retrouve dans des tombes de l'époque du bronze (*Bonner Jahrb.*, IX, p. 131, XXX, p. 214, LVII, p. 185) ; il est attesté en Syrie vers 570 (l'évêque de Jérusalem Jacob buvant dans le crâne de la martyre Théodota) et vers 1108 pour Tugtakin de Damas (cf. Kremer, *Mittelsyrien*, p. 38) ; on l'a signalé chez les Fidjiens, Andamans, Fuégiens, chez les Konds de l'Inde, au Nouveau-Mecklembourg, en Guinée ; on trouve aussi chez les sauvages beaucoup d'amulettes faites avec des crânes, cf. *L'Anthropologie*, 1898, p. 592 ; *Z. f. Ethnol*, XLII, p. 638.

2. Tacite, *Ann.* I, 61 : *Truncis arborum antefixa ora*.

3. Peut-être était-ce le résultat d'un vœu antérieur. Ainsi, au dire de

Comme l'armée maudite, toute entière, surtout ses chefs, devait leur appartenir, on avait immolé sur des autels les officiers prisonniers : que ce soient leurs têtes qu'il faille reconnaître dans celles qui étaient clouées aux arbres, j'en verrais un indice dans le soin que les Germains prirent de couper celle de Varus : ils allèrent jusqu'à l'exhumer pour qu'elle ne manquât pas à leur triomphe [1].

Cette coutume persista dans les régions rhénanes chez les Alamans : on voit Grégoire le Grand écrire à Brunehaut d'empêcher « les holocaustes sacrilèges de têtes coupées [2]. » Le scalp, ce que l'on appelait la *decalvatio*, paraît aussi pratiqué chez les envahisseurs d'Outre-Rhin [3] : *capillos et cutem*

Florus, IV, 12, avant de partir en guerre contre Drusus, les Chérusques, les Suèves et les Sicambres s'étaient, en brûlant vifs vingt centurions, partagés d'avance le butin : les Chérusques avaient choisi les chevaux, les Suèves l'or et l'argent, les Sicambres les prisonniers. Chaque peuple devait sans doute consacrer, et non garder, sa part. Un indice qu'Arminius avait voué aux dieux infernaux toute l'armée romaine c'est qu'il ne semble pas qu'il eût gardé des prisonniers : tous paraissent avoir été ou pendus ou enterrés vivants (cf. le *quot patibula captivis, quae scrobes* de Tacite. Les prisonniers dont Velleius parle, II, 120, sont ceux faits à Aliso).

1. C'est ce qui résulte des récits de Florus, IV, 12 et de Velleius, II, 119. D'après ce dernier, la tête de Varus fut envoyée par Arminius à Marbod. — D'après la scholie bien connue de Lucain, la pendaison à un arbre serait précisément le supplice préféré par le Mars gaulois : *Hesus Mars sic placatur : homo in arbore suspenditur.* — Les Thuringiens qui dévastent la Lorraine sous Thierry I pendent encore les enfants aux arbres.

2. Grégoire, *Ep. IX*, 11. On peut conclure qu'il doit s'agir surtout des Alamans d'un passage d'Agathias où il leur attribue le sacrifice des têtes coupées (*ap.* Muratori, I, p. 383).

3. Pour la *decalvatio* comme peine chez les Alamans, Burgondes et Visigoths, voir les *Leges Visigothorum, Burgundiorum, Alamanum* dans la section V ; (*Leges*) des *Monumenta Germaniae* aux indices sous ce mot ; encore en 890 on voit un évêque de Constance finir sa lettre à un intendant par ces mots : « que tout soit prêt, *si cutem et capillos habere volueris* » (section V, *Formulae* p. 419). On sait que le roi des Lombards Alboin fit une coupe avec le crâne du roi des Gépides qu'il avait tué et qu'il obligea sa fille Rosemonde à y boire (cf. Paul Diacre, I, 27 ; II, 28) ; dans le poème des Niebelungen, la Burgonde Goudroun transforme en coupes les crânes des enfants d'Atli (Etzel ou Attila, voir p. 14 n. 3) et les donne à leur père (X. Marmier, *Chants populaires du Nord*, p. 280). Pour les Vandales, en dehors du texte de Fulgence cité p. 29 n. 1, on peut trouver deux allusions dans deux vers de Corippus, VII, 404 et VIII, 569.

detrahere est prévu comme peine dans le code des Visigoths. Si la tonsure ecclésiastique a paru aux Francs *chevelus*, nouveaux maîtres de la *Gallia comata*, une si profonde déchéance pour leurs princes, n'est-ce point par quelque souvenir de la valeur particulière attachée à la chevelure ?

A l'autre extrémité du monde germanique cette coutume est attestée pour les Daces par la Colonne Trajane où l'on voit des têtes fichées sur les pieux de leurs remparts [1] et par un des vases du trésor de Nagy Szent Miklos où un cavalier tient dans la même main un captif par les cheveux, et une tête coupée [2]. On sait que les Daces étaient mélangés de Moesiens et de Thraces : pour les premiers on les voit, avant la bataille, vouer à leurs divinités les entrailles des généraux tués [3] ; pour les seconds, on nous les montre, après un combat de cavalerie contre les Romains, en 171 av. J.-C., ramener en chantant — comme les Gaulois — la tête d'un général tué, à la pointe d'une pique [4]. On se rappelle que c'est du culte thrace de Dionysos que dérive la coutume de porter aux processions bacchiques des têtes coupées : après avoir été les têtes grimaçantes des victimes déchirées et mangées rituellement, elles devinrent des têtes grotesques de Satyres ou de Silènes, soit façonnées en

---

1. S. Reinach, *Rép. des Reliefs*, I, p. 331, 21 ; 338, 23 ; 348, 55. Il faut peut-être voir un rite préparatoire dans 342, 37 où les femmes Daces brûlent les cheveux des prisonniers Romains ; d'après 315, 33 où on présente à Marc Aurèle une tête de Sarmate, les Romains se seraient appropriés l'usage, ce qui résulte aussi d'une des métopes du *Tropaeum Trajani*, ibid. 430, 7.

2. S. Reinach, *Rép. des Reliefs*, I, p. 189, 3.

3. Velleius, IV, 12. Voir aussi ce que Diodore rapporte des cruautés du roi thrace Diégylis, XXXIII, 14.

4. Tite Live, XLII, 60. Doit-on rappeler ici que Diomède, héros thrace, décapite Dolon ? Je reviendrai plus loin sur Persée, dieu de la guerre d'une peuplade thrace, coupant la tête de Méduse, et sur les Ménades thraces coupant celle d'Orphée.

On peut relever, d'ailleurs, dans la Rome primitive et chez ses voisins, quelques traces du même usage : ainsi le consul Cossus, après avoir tué et dépouillé Tolumnius, roi des Véiens, porte sa tête au bout de sa lance (Liv. IV, 19) ; à la même époque on voit les Èques promener triomphalement la tête coupée du légat Furius (III, 5) ; encore en 214 Tib. Gracchus promet la liberté à ceux des esclaves formés en deux légions qui rapporteront une tête d'ennemi (XXIV, 14-15). En 207, la tête d'Asdrubal est jetée dans le camp d'Annibal (XXVII, 52).

masques de comédie, soit sculptées sur ces disques de marbre qui conservèrent le nom d'*oscilla* « têtes mouvantes ».

Aux confins opposés du monde celtique, Ibérie et Scythie, la tête coupée se retrouve. Il faut donner ici le passage d'Hérodote[1] relatif aux Scythes, qui, voisins, sinon parents des Thraces et des Celtes, ont eu tant d'usages analogues. « Le guerrier Scythe boit le sang du premier ennemi qu'il jette à terre au combat. Quel que soit le nombre de ceux qu'il tue, il leur coupe à tous la tête et la porte au roi : c'est par là qu'il a droit à une part du butin, part à laquelle il perd tout titre s'il ne peut exhiber de tête coupée. Pour dépouiller le crâne du cuir chevelu, il fait une entaille tout autour au dessus des oreilles et, le saisissant (par les cheveux), il en tire le crâne ; alors, avec une côte de bœuf, il nettoie le scalp de toute chair et, l'amollissant en le frottant entre ses mains, il l'emploie désormais comme serviette[2]. Le Scythe s'enorgueillit de ces scalps et les suspend à sa bride ; plus un homme peut montrer de pareils essuie-mains, plus il est estimé. Beaucoup s'en font des manteaux en en cousant une quantité ensemble..... Quant aux crânes de leurs ennemis, non de tous, mais des plus redoutés, ils leur font subir le traitement suivant : après avoir enlevé la portion comprise sous les orbites et nettoyé l'intérieur, quand le guerrier est pauvre il recouvre l'intérieur de cuir ; quand il est riche, il revêt aussi l'intérieur d'or ; dans les deux cas, le crâne sert comme coupe. Ils agissent de même avec les crânes de leurs parents et alliés, s'ils les ont tués dans un duel par devant le roi. Quand des étrangers qu'ils veulent honorer les viennent visiter, ils leur font passer ces crânes et l'hôte leur raconte comment il les a conquis sur des parents en guerre avec lui : tout cela est considéré comme preuve de valeur. Une fois l'an, le gouverneur de chaque province, en un lieu déterminé, vient remplir une coupe de vin où ne peuvent boire que les Scythes qui ont tué des ennemis. Ceux qui en ont tué beaucoup ont droit à boire deux coupes. »

1. Hérodote, IV, 64-6. Sur la coupe que les Scythes n'ont le droit de boire qu'après avoir coupé une tête, cf. Aristote, VII, 2, 6. Les Massagètes, qui passaient pour avoir coupé la tête de Cyrus, apportent à Alexandre celle de Spitamènes (Arrien, IV, 18). Cf. les *Sarapirai* du Caucase, περισκυθισται καὶ ἀποσκυθισται, Strabon, XI, 14, 14.

2. De là l'expression σκυθιστὶ μεμόμακτον (Hesych. s. v.; Sophocle,

Autour de ce texte si complet, il suffit de grouper ce que disent, et Pline des anthropophages vivant à dix journées au nord du Borysthène qui boivent dans des crânes humains dont la chevelure leur sert de serviette [1], et Hérodote lui-même des Issédo[ns] voisins des Arimaspes, chez qui les parents du mort, après avoir découpé son cadavre et l'avoir mangé avec du mouton, conservent précieusement son crâne enchâssé d'or pour s'en servir au banquet annuel donné en mémoire du mort [2]; Strabon affirme aussi pour les Scythes l'usage de se nourrir de la chair des étrangers et de boire dans leurs crânes [3]. Divers sarcophages, représentant les aventures d'Iphigénie et d'Oreste en Tauride, montrent les têtes des étrangers immolés, suspendues à l'arbre d'Artémis tauropole [4].

C'est sans doute encore à une pénétration thrace dans le monde classique qu'on doit les têtes coupées dressées sur les murs du palais d'Oenomaos [5] — il s'agit de celles des pré-

ap. Athen. IX, 18, p. 410) et le verbe ἀποσκυθίζειν dans le sens de « scalper » (Athen. XII, 27, p. 524, d'où Suidas et Etienne de Byzance : τὸ ἐπιτέμνειν τὸ ἐπισφέλαιον δέρμα τῶν θρίξιν).

1. Pline, VII, 2, 4 (d'après Isigonos de Nicée).
2. Hérodote, IV, 26. Cf. Méla, II, 1, 9 et Solin, 15, 13 (*capillum ossa auro cincta in poculorum ministerium*; les Issédones avec les crânes de leurs parents, les Scythes avec ceux des ennemis).

Les soldats Illyriens de Septime Sévère coupent la tête d'Albinus, que l'empereur fait exposer au Forum au bout d'un poteau, Hérodien, III, 23. Avant Arbèles, le chef des Péoniens rapporte à Alexandre la tête de Satropatès, le chef de la cavalerie perse (Quinte Curce, IV, 10 ; cf. Plutarque, *Alex.* 39).

3. Strabon, VII, 2, 7. On sait que des éléments Mongols se sont mêlés de bonne heure aux populations scythiques ; on peut donc rappeler ici qu'un roi des Huns ayant tué dans un combat celui des Yue-chi, fit du crâne de ce prince une coupe dont il se servait aux grandes cérémonies (*Soc. de Géographie*, 1847, p. 1313). Les Turcomans pendent les scalps à leur selle. Le roi des Petchenègues qui tua Sviatoslav, le premier grand prince des Slaves, se servit de son crâne enchâssé d'or comme d'une coupe.

4. Overbeck, *Ant. Bildw.*, A XXX, 1-2 ; Furtwaengler, *Beschr. d. Glyptothek*, p. 341.

5. A la tradition littéraire (Apollodore, *Epit.* II, 4 ; Schol. Pind. *Isth.* III, 92, IV, 92 et *Ol.* I, 114 ; Philostr. *Im.* I, 17 et 30) selon laquelle les têtes auraient été suspendues soit au palais d'Oenomaos, soit au temple de Poseidon, soit à celui d'Arès, se conforment les monuments. Voir leur bibliographie à propos d'un sarcophage de Tipasa, *Mél. de l'Ec. de Rome*, 1894, p. 438. — L'antre de Cacus est également décoré de têtes coupées, Virg., *Aen.*, VIII, 196.

tendants vaincus à la course par ce fils d'Arès — ou suspendues au chêne sous lequel le Phlégyen Phorbas accomplit ses sinistres exploits [1]. Enfin, il faut rappeler ici le rôle attribué à la tête de la Gorgone : sans doute, le pouvoir de foudroyer sur place quiconque l'a entrevue vient de ce que, avec les serpents qui dardent tout autour d'elle, elle est une personnification de l'orage grondant au milieu des éclairs qui zèbrent le ciel et sifflent comme des serpent de feu. Mais la coutume de placer un *gorgoneion* au milieu du bouclier ne remonte-t-elle pas aussi à une croyance des ancêtres des Grecs à la valeur apotropaïque de la tête coupée [2] ?

Passons du sud-est au sud-ouest du monde celtique. En Ibérie, nous ignorons si les Celtibères coupaient, ainsi que leurs frères de Gaule, les têtes des ennemis tués ; mais, dans la population non celtique, la coutume paraît avoir existé. Par Strabon on sait seulement que les Lusitaniens coupaient, pour la consacrer au dieu, la main droite des prisonniers qu'ils n'immolaient pas à leur Mars [3] ; Diodore nous montre, à la prise de Sélinonte en 409, les mercenaires Ibères de Carthage mutilant les cadavres pour planter les têtes sur leurs javelines et attacher les mains en paquets à leurs ceintures. Comme Diodore associe dans cet épisode les Libyens aux Ibères [4] et qu'on sait toutes les affinités africaines des

---

1. Philostrate, *Im.* II, 19. Même légende pour Kyknos, autre fils d'Arès.
2. Quelques faits à l'appui de cette hypothèse peuvent se trouver parmi tous ceux que Sidney Hartland a groupés dans les chap. XIX et XX de sa *Legend of Perseus*, t. III. Pour le *gorgoneion* comme *apotropaion* voir ce que j'ai dit dans mon mémoire *Itanos et l'Inventio Scuti* (Rev. de l'Hist. des Religions, 1910 : p. 70 du t. à p.).
3. Strabon, III, 3, 6-7. Les Romains coupaient les deux mains à leur prisonniers, Gaulois ou Ibères, Appien, *Hisp.*, 40 ; Caesar, *Bell. gall.* VIII 44, peut-être par représailles. On a pu se demander s'il ne fallait pas chercher dans cet usage l'origine des mains peintes sur des grottes préhistoriques d'Espagne comme celle d'Altamira, *L'Anthropologie*, 1904, 643.
4. Diodore, XIII, 57, cf. XIX, 103. Silius Italicus, II, 203, montre un Sagontin plantant une tête *celsa hasta*. Pour les Libyens Panébiens, quand un de leurs rois mourait, avant de l'enterrer on coupait sa tête qu'on consacrait, couverte d'or, dans un sanctuaire, Nicolas de Damas, dans *FHG*, III, 463. On trouvera des faits semblables empruntés aux Soudanais actuels dans Frazer, *The Evolution of Kingship*, p. 362 et *The Dying God*, p. 202.

Ibères, on doit peut-être rapprocher cette coutume ibéro-libyenne de ces piles de mains droites et de phallus qu'on voit dresser à la fin des scènes de batailles sur les bas-reliefs égyptiens [1]. Il s'y agit sans doute seulement pour le soldat du Pharaon de faire savoir combien il a tué d'ennemis ou même fait de prisonniers, puisque ce sont là des mutilations qui réduisent à l'impuissance sans atteindre nécessairement la vie. La tête a eu en Egypte une bien autre importance religieuse [2] : il suffit de rappeler le rite prédynastique de la décapitation du mort ; les têtes en pierre, indestructibles, déposées dans le tombeau ; le « porteur du chef royal » qui, dans le cortège des premiers Pharaons, paraît avoir porté une image de la tête du roi vivant ; l'interdiction de manger la tête des animaux sacrifiés ; le reliquaire, enfin, dressé dans toutes les villes où régnait Osiris, ce fameux *dadou*, énorme fétiche en bois taillé de façon à représenter la colonne vertébrale du dieu supportant une tête monstrueuse où la sienne passait pour enfermée. On verra plus loin l'action lointaine qu'a eue en Gaule ce *pilier* réduit souvent à la tête osirienne autour duquel on égorgeait les « rouges », les étrangers que leurs cheveux blond-roux désignaient comme les fauteurs de Seth — Typhon, le frère ennemi d'Osiris.

∴

Nous avons passé en revue tous les textes classiques qui peuvent renseigner sur la coutume de couper la tête des ennemis morts chez les Celtes et les peuples voisins ou apparentés. Il nous reste à examiner les documents émanant des Gaulois eux-mêmes : d'une part, la littérature celtique du

---

1. Pour la phallotomie dans l'Egypte antique et l'Abyssinie moderne, voir Letourneau, *La Guerre dans les diverses races* (1895), p. 286-298.
2. Voir en dernier lieu, Amélineau, *Prolégomènes à l'étude de la religion égyptienne*, 1908, p. 596 ; E. Naville, *Les têtes de pierre des tombeaux égyptiens*, Genève, 1910 ; Wiedemann, *Orient. Litzeit.*, XI, p. 112. L'usage de couper les têtes des ennemis et de les apporter en masse au roi se retrouve aussi en Assyrie (cf. Layard, *Nineveh and Babylon*, p. 456, 547, et *Ausgrabungen von Sendjirli*, fig. 96). — Pour les Juifs, il suffit de rappeler Judith coupant la tête d'Holoferne et David celle de Goliath.

moyen âge, qui a pu conserver des traditions relatives à la
tête coupée; d'autre part, les monuments élevés par les Gaulois
ou les Gallo-Romains qui se rapportent à ce rite guerrier.

Dans le peu que j'ai parcouru de l'épopée des Celtes de
Galles et d'Irlande, j'ai trouvé sans peine des légendes qui
signalent l'importance symbolique de la tête : elles sont relatives aux deux héros nationaux, le Gallois Brân et l'Irlandais
Cuchulainn.

Brân — le Bran de la *Geste du Graal* — était assis sur
la roche de Harlech en Merioneth quand parut une flotte
qui escortait Matholwch, roi d'Irlande. Le roi venait demander
la main de Branwen, la Brangaine du *Tristan*, la sœur
de Brân; le géant la lui accorda sans quitter son rocher.
Au bout de quelques années, Branwen fut disgraciée par
Matholwch, et reléguée parmi les filles de cuisine. Quant
Brân l'apprit, il résolut de venger sa sœur. Ses hommes
prirent la mer; mais, comme aucun navire n'était de taille
à le recevoir, il se mit à traverser la mer à pied. Bientôt
les porchers d'Erinn allèrent annoncer à leur roi qu'ils
avaient vu une forêt s'avancer sur la mer; à côté d'elle, une
grande montagne flanquée de deux lacs, de part et d'autre
d'un éperon. Seule Branwen put expliquer le prodige : la
forêt était formée des mâts des navires de ses compatriotes;
la montagne était la tête de son frère, l'éperon son nez,
les lacs ses yeux. Après de nombreuses aventures, Brân réussit à sauver sa sœur; mais il reçut dans le pied une flèche
empoisonnée. Alors il ordonna aux survivants de son armée
de lui couper la tête et de la remporter au pays. Ils n'auraient
qu'à l'installer à Harlech « et sa compagnie leur serait aussi
agréable qu'elle l'avait jamais été avant qu'elle fût séparée de
son corps »[1]. De Harlech, ils devaient l'emporter à Gwales,
l'île actuelle de Gresholm au large de la côte de Pembrokeshire; là, ils resteraient à festoyer en compagnie de sa tête tant

---

1. Joseph Loth, *Les Mabinogion*, I, 65-96. Cf. l'*Uthr Penn* « La tête
miraculeuse » du ms. du XIVᵉ siècle dit *Livre de Taliessin*, Skene, *Four
ancient books of Wales*, II, 203-4. Voir aussi *Orc Tréith*, Cormac's Glossary,
p. 129-30 de la trad. O'Donovan (éd. Stokes), et comparez le père
du roi Arthur *Uthr-penn-dragon*. Sur Bran et Cuchulainn comme dieux de
la guerre déchus au rang de héros, voir plus bas p. 34.

qu'ils n'ouvriraient pas certaine porte regardant vers la Cornouailles. Une fois cette porte ouverte, il leur faudrait se mettre en route vers Londres et là, dans la White Hill, enterrer sa tête les yeux tournés vers la France. Tant que la tête resterait en cette position, la Grande Bretagne n'aurait rien à redouter d'une invasion d'Outre Mer.

C'est alors que commence, dans le Mabinogi, l'histoire dite de l'*Urdawl Penn*, la « Tête Vénérable », où l'on voit ses compagnons festoyer autour de la tête qui les préside comme si elle était vivante.

La grande épopée de Cuchulainn montre, en plusieurs passages, que la tête coupée n'était pas réputée moins puissante chez les Irlandais que chez les Gallois. Ainsi, quand Cuchulainn a abattu, d'un seul revers de son épée, la tête des fils de Néra, éclaireurs de l'armée ennemie, laissant leur cadavre et leurs dépouilles sur leur char, il n'emporte que les têtes sanglantes. — Quand, malgré l'interdiction religieuse, le roi ennemi prend la parole avant son druide, son bouclier, de lui-même, lui tranche la tête [1].

Il faut rapprocher de ces légendes le souvenir de la grande idole irlandaise que saint Patrick aurait frappée [2] : déjà son nom de *Penn crnach*, « la tête sanglante », est significatif ; elle est sanglante parce qu'on devait lui sacrifier des victimes humaines comme aux *Fomôré* ou *Goborchind*, démons à tête de chèvre ; et, si l'idole était appelée « la tête » [3], c'est sans doute qu'elle

1. *Táin bó Cualnge* (l'Enlèvement des vaches de Cooley), éd. Windisch, p. 83. Dans sa traduction (*Revue celtique*, 1907, p. 170) d'Arbois de Jubainville comprend les quatre têtes comme celles des deux jeunes gens et de leurs deux cochers ; plus loin, dans l'épisode des fils de Gâra (*ibid.*, 1908, 136), c'est sa tête que le héros tranche d'un seul coup. Dans les deux épisodes il enfonce les têtes sur les pointes d'une fourche pour les ramener en triomphe (*Táin*, éd. Windisch, p. 177). Sur les boucliers animés, cf. J. Loth, *Revue celtique*, 1911, p. 297. Sur l'épisode où Findabair doit couper la tête de Cuchulainn, cf. Zimmer, *Sitz. ber. d. Berl. Akad.*, 1911, p. 190.

2. H. d'Arbois de Jubainville, *Le cycle mythologique irlandais*, p. 106.

3. L'analogie entre Brân et Kernunnos a déjà été indiquée par John Rhys, *Celtic Folklore*, p. 552 ; il rappelle, p. 85, que Heimdal, le dieu cerf que les Scandinaves considéraient comme le père de leur race, était représenté combattant avec sa tête cornue ; mais, dans cet ouvrage, aucune section n'est consacrée à la tête coupée. Pour la tête divine entre deux oiseaux,

ne consistait qu'en une tête colossale : puisqu'on nous dit qu'au moment où Patrick la frappa, les autres idoles qui l'entouraient plongèrent en terre jusqu'au cou et, ajoute l'hagiographe, c'est encore dans cet état qu'on les voit aujourd'hui.

N'y a-t-il pas là un souvenir évident du dieu accroupi et cornu des Gaulois, Kernunnos ? On sait que sa tête est toujours énorme, démesurée pour le corps, qu'elle soit triple ou seulement à trois visages ; parfois la tête seule est figurée ; parfois elle est encadrée entre deux oiseaux, conseillers ou messagers du dieu [1].

Quand on se rappelle que la tête de Brân ensevelie sous une porte de Londres y passait au Moyen âge pour un talisman contre tout ennemi d'Outre Mer, on peut se demander si « le chef de Monsieur Saint Denys » conservé aux portes de Paris ne devait pas en partie sa réputation à une survivance de la vénération par les Gaulois d'un dieu réduit à la tête, vénération que les *Parisii* ont pu partager, à en croire un des autels de Notre-Dame où figurent des têtes coupées [2].

---

voir Espérandieu, *Recueil*, III, n. 2208, 2354, 2355, 2377 ; pour les divinités tricéphales et triprosopes ses *indices*.

1. Je ne sais s'il faut rattacher aux envahisseurs germaniques ou aux Celtes conquis les superstitions dont on trouve l'écho dans le *poème de Beowulf*. On sait que le principal épisode est le combat que Beowulf livre d'abord au monstre Grendel, monstre invulnérable qui engloutit à la fois jusqu'à trente guerriers, puis à sa mère, monstre des marais et sorcière comme lui. Tandis qu'il combat Grendel corps à corps, son écuyer tranche la tête au monstre. Quant à sa mère, c'est en vain qu'il la poursuit dans sa grotte sous-marine, son glaive empoisonné à la main ; il ne peut lui couper la tête qu'avec un glaive qu'elle-même a fabriqué et qui est sans doute en pierre : « quatre de ses compagnons soutenaient avec peine la tête monstrueuse au bout du pieu fatal » (H. Pierquin, *Le poème de Beowulf*, 1912, II, p. 492).

2. Cet autel est reproduit dans Espérandieu, *Recueil*, III, n. 3138. Quant à la tête de St Denys, je ne puis entrer ici dans des développements à ce sujet. Il suffit de remarquer : 1º combien la popularité de ce saint grec est étrange si elle n'a pas pu se superposer à quelque culte indigène ; 2º qu'en fait saint Denys n'a atteint sa réputation que grâce aux ambassades du pape Paul à Pépin le Bref (758) et de l'empereur Michel le Bègue à Louis le Débonnaire (827) ; 3º que l'Église, pour autoriser le culte des saints céphalophores n'a trouvé qu'une phrase de saint Jean Chrysostome où il est dit que les martyrs peuvent se présenter avec confiance au tribunal de Dieu portant entre les mains leur tête coupée, témoin de leur supplice pour la foi. C'est

En passant aux monuments, commençons par les plus anciens : ces monnaies de la Gaule indépendante qui peuvent remonter au IV° siècle. Dans le *Traité* de Blanchet, on ne rencontre qu'une fois une tête isolée qui soit certaine : c'est une tête placée de face au-dessus d'un cheval courant sur un bronze des Véliocasses; du bas de la tête descend une sorte de fuseau qui représente sans doute le sang qui s'en échappe [1]. Chez les Lémoviques on trouve la tête au-dessus ou au-dessous du cheval [2]; mais, comme elle est de profil et porte la trace d'un *torques*, comme sur d'autres pièces du même peuple on voit parfois partir de dessous la tête un bras qui élève un énorme *carnyx*, il est possible que nous ayions plutôt à faire à quelque génie de la guerre [3]. C'est le dieu de la guerre entouré de têtes coupées — combinaison bien naturelle des deux symboles — que je verrais dans les pièces où une grande tête échevelée, qui rappelle celle du *Pallor* ou *Pavor* [4] romain, se trouve encadrée par une chaîne aux nombreux replis à laquelle des têtes — on en compte jusqu'à quatre — paraissent attachées [5]. On sait qu'on a proposé de reconnaître sur ces monnaies le fameux Ogmios [6] que Lucien décrit traînant par des chaînes, qui partent de sa bouche pour passer dans leurs oreilles, ceux qu'il a captivés par son éloquence. Il y a

bien peu pour expliquer l'extension du culte de saint Denys et des autres saints céphalophores (le P. Cahier n'en compte pas moins de quatre-vingts. Cf. A. Maury, *Croyances et légendes du Moyen Age*, p. 216-40).

1. A. Blanchet, *Traité des Monnaies gauloises*, p. 341.
2. *Ibid.*, p. 290; H. de la Tour, *Catalogue Bibl. nat.*, n°s 4581-85. Notre n° 6 est le n° 4.555 pl. XIII (*Lemovici*), notre n° 7 le n° 8.403 pl. XXXIII (*Ambiani*).
3. *Ibid.*, p. 301 (*Namnetes*) 308, 312, 314, 316, 317 (peuples armoricains) et *Catal. Bibl. Nat.* (6504-76); *Catal. Bibl. Nat.* 4416-71 (*Pictones*)
4. Cf. Babelon, art. *Pallor-Pavor* du *Dict. des Antiquités*, puis *Revue num.*, 1902, p. 31 et *Mélanges Numismatiques*, IV (1912).
5. Le n° 2 = 6.555 pl. XXII (*Ostismii*), le n° 1 = 6.728 pl. XXI (*Andecavi*), le n° 4 = 6.541 pl. XXII (*Ostismii*), le n° 3 = 6.879 pl. XXIII (*Aulerci Cenomanni*).
6. Notamment Longpérier, *R. arch.*, 1849, 387, E. Hucher, *Rev. Num.* 1850, p. 102 et *Art Gaulois*, I, p. 20. En s'inscrivant en faux contre cette interprétation, P.-Ch. Robert a pressenti ce que j'essaye de préciser ici (*Rev. arch.* 1885, II, 240; *Rev. celtique*, VII, 388; *C. R. Acad. Inscr.* 1886,

longtemps qu'on a senti l'invraisemblance de cette représentation et il est inutile de dire que rien, sauf les monnaies dont on vient de faire mention, n'est jamais venu lui apporter l'ombre d'une confirmation documentaire. Ces monnaies n'indiquent-elles pas précisément comment Lucien ou sa source ont été induits en erreur ? On aura préservé, dans la Gaule romaine, quelques rares monuments religieux, représentant une tête géante, à bouche énorme, d'où partaient en tous sens des chaînes tenant des têtes. Oublieux du véritable sens de cette figuration, ou désireux d'approprier l'antique fétiche guerrier aux conceptions gréco-romaines, les exégètes gaulois auront donné de ces idoles l'explication dont le texte de Lucien est un écho, peut-être embelli encore par l'imagination du rhéteur. Quant à la signification véritable de nos monnaies, M. Jullian paraît l'avoir serrée d'aussi près que possible : « La victoire apparaît sous la forme de ce qui en était le butin et le symbole, la tête coupée de l'ennemi. Le type le plus fréquent sur les monnaies de l'Ouest, et peut-être le plus original de l'art monétaire gaulois, représente une tête énorme d'aspect farouche, aux orbites démesurées encadrant des yeux grands ouverts ; elle paraît ne plus appartenir à un corps humain, mais reposer sur un socle ou un support ; à côté voltigent souvent, attachées à des chaînes, des têtes semblables, beaucoup plus petites. Je vois là, non pas la face d'un dieu, mais une tête monstrueuse servant d'enseigne de guerre, et flanquée des têtes des vaincus coupées en son hon-

Bull. Soc. arch. Finistère, 1884, p. 81). La peinture décrite par Lucien n'était, d'ailleurs, pas très loin de nos monnaies : sur elles aussi on peut avoir l'impression que les chaînes partent de la bouche du dieu et tiennent par l'oreille les têtes qui l'environnent.

Comme l'a bien vu Odobesco (*Le trésor de Pétrossa*, I, p. 293) ces monnaies doivent être rapprochées de l'énigmatique plaque en or, provenant sans doute d'un harnachement de cheval, qui fait partie d'un trésor scythe contemporain de Mithridate Eupator (cf. G. Bapst, *Gaz. archéol.*, 1887) : devant une femme nue (Vénus) et une femme armée de pied en cap (Minerve) un Bacchus galope sur un carnassier (panthère?) à tête humaine ; sous cette monture est ciselée de face un masque affreux tout pareil aux têtes coupées gauloises. Il semble y avoir eu une sorte de confusion entre le motif représenté sur les monnaies gauloises et la légende de la tête d'Orphée déchiré par les Bacchantes. (Cf. S. Reinach, *Rép. de Reliefs*, III, p. 496).

neur et suspendues autour d'elle [1]. » Parfois la tête est tenue par un personnage qui agite de l'autre main la trompette ou l'enseigne : M. Jullian voudrait y reconnaître alors le chef même qui a fait frapper la monnaie où il commémore son plus éclatant exploit [2].

**

Les monuments de la sculpture nous auraient entraînés sur le domaine propre de l'archéologie. Leur ayant consacré deux études spéciales [3], je puis me borner à en indiquer ici les résultats.

En Gaule, les monuments qui présentent des têtes coupées paraissent groupés au Sud. Ce sont d'abord deux pierres grossières qui peuvent remonter jusqu'au IVe siècle, à Nantes, un fragment de table de dolmen, à Hyères, une espèce de menhir. On y voit maladroitement incisés, sur le premier un personnage qui paraît tenir trois têtes, sur le second un cavalier dont la main en laisse prendre cinq attachées à des cordes. Le pilier d'Antremont (Musée d'Aix), qui marque sur ces sculptures barbares un progrès considérable, est sans doute le trophée élevé par un chef de ces Salyens qui avaient leur capitale dans cette ville peu avant sa destruction par les Romains fondateurs d'Aix (123). Sur la face principale, le chef est représenté lui-même, une tête coupée attachée au poitrail de son cheval selon l'usage que décrit Posidonios; sur les faces latérales, des têtes coupées [4] s'égrènent comme un chapelet le long d'une draperie tordue qui représente peut-être le vêtement enlevé à l'ennemi décapité, vêtement confié,

1. C. Jullian, *Histoire de la Gaule*, II, p. 351.
2. *Ibid.*, II, p. 201. Notre n° 5 = de la Tour, pl. XV, 5.044 (*Aedui*). On doit sans doute placer, vers la fin du IIIe siècle, un curieux fragment qu'il convient de rapprocher de nos monnaies. C'est une pièce de bronze travaillée au repoussé qui a appartenu à un couvercle de situle : on y voit au-dessus d'un cheval bondissant, une tête ciselée parallèlement à son dos et derrière lui, une autre tête verticale (A. Blanchet, *Bull. de la Soc. des Antiq.*, 1901, p. 264 et abbé H. Breuil, *Rev. arch.*, 1901, I, p. 328).
3. *Le Pilier d'Antremont* dans *Revue archéologique*, 1912, II, p. 216-35 ; *les têtes négroïdes et Hercule à Alésia* dans *Pro Alesia*, 1913.
4. Les deux plus caractéristiques sont reproduites pl. I, 1.

nous dit Posidonios, par le cavalier vainqueur à son écuyer. A Aix encore, un bloc avec deux paires de têtes de face aux yeux clos, identiques à une des paires qu'on voit sur le pilier, doit provenir d'un monument analogue, peut-être aussi un bloc avec une seule paire de têtes signalé à Evenos (Var). On arrive à l'époque romaine avec la frise de Nages (Gard) où le motif du cavalier à la tête coupée est comme décomposé — deux têtes alternent avec deux chevaux courant [1] — et surtout avec l'Arc d'Orange : par les six têtes fraîchement coupées [2] que ses trophées présentent et par les deux déjà décharnées ainsi que par ses neuf scalps, l'Arc atteste que César n'avait point interdit la décollation ni la décalvation aux auxiliaires Gaulois lors du siège de Marseille que cet arc commémore [3]. Voué par César, il paraît n'avoir été consacré que par Tibère au lendemain de la révolte de Sacrovir (21) : c'est alors qu'entre autres mesures prises contre les druides et leurs rites sanglants a dû intervenir l'abolition de ces pratiques que l'on a vue mentionnée par Strabon.

Il n'est pas certain, cependant, qu'il faille placer avant cette date les cinq pièces qui semblent attester que les têtes coupées pouvaient être consacrées à certains dieux. Les pierres de Bagnères, Orléans et Châtillon [4] plus ou moins mutilées et ne présentant qu'une seule tête, n'obligent guère à cette conclusion ; il en est autrement de l'autel de Limoges [5] dont trois faces portent une tête coupée au centre et de celui de Paris [6] où les têtes paraissent suspendues aux branches d'un arbre. Dans ce dernier monument les têtes ressemblent plutôt à ces

---

1. Espérandieu, *Recueil*, I, n. 515 et Reinach, *op. cit.*, fig. 1.
2. La pl. II, 2 reproduit, d'après Espérandieu (*Recueil*, I, p. 201), une des têtes coupées d'Orange les plus caractéristiques : la tête paraît surmonter les armes et le manteau du mort.
3. On s'étonnera moins de ce que César ait permis à ses Gaulois de pratiquer les rites qui semblaient déjà barbares à Posidonios, si l'on se rappelle les faits signalés (p. 12, n. 1, la tête du chef Sarmate présentée à Marc Aurèle sur sa Colonne) et le fait que César avait lui-même fait couper les mains aux défenseurs d'Uxellodunum, César, VIII, 44.
4. Pour les reliefs d'Orléans et de Châtillon, cf. *Recueil*, IV, n. 2971 et 3386 ; pour celui de Bagnères, Reinach, *op. cit.*, fig. 3.
5. *Recueil*, II, n. 1591.
6. *Recueil*, IV, n. 3138, cf. celui de Bordeaux, II, n. 1208.

masques satyriques que les Grecs et les Latins attachaient à des arbres, soit directement, soit sculptés sur des *oscilla*. La confusion semble avoir été faite volontairement par les Gaulois. De même, c'est sans doute dans un semblable dessein qu'ils donnaient un aspect négroïde aux têtes coupées, comme on le voit à Alesia[1], aspect qui leur permettait d'identifier leur dieu guerrier qui aimait à s'entourer de ces trophées à Hercule coupant les têtes des sujets de Busiris. A l'abri de ces confusions, les Gallo-Romains pouvaient continuer à entourer leur dieu des têtes que lui vouait une coutume séculaire : à défaut de têtes fraîches ou de têtes décharnées, de crânes ou de scalps, ils les lui consacraient éternisées par la pierre.

Malgré l'absence des textes attestant la pratique du scalp chez les Gaulois, on peut considérer comme établi par les monuments que les Gaulois la connaissaient. L'Arc d'Orange n'est pas le seul qu'on puisse alléguer. Des têtes qu'il présente, la calvitie est trop complète, surtout en regard de l'ordinaire abondance de la chevelure gauloise, pour pouvoir s'expliquer autrement que par l'enlèvement du cuir chevelu ; on peut en rapprocher la paire supérieure des têtes du bloc aux quatre têtes d'Aix[2] et les deux têtes que tient dans ses griffes le monstre de Noves[3]. L'enlèvement de la chevelure paraît s'être fait de deux façons à en juger par les deux types de scalp que présente l'Arc d'Orange : d'une part, dans les tympans, tout le cuir chevelu du front à la nuque semble avoir été enlevé (pl. I, 2)[4], de façon que, avec les cheveux bouclés qui le recouvrent, il offre l'aspect de ces perruques montées que l'on voit aux vitrines des coiffeurs; d'autre part, aux trois trophées anthropomorphes qui ornent les faces latérales, de longues mèches ondulées retombent tout autour du sommet de la poutre qui sert d'armature au trophée;

---

1. *Recueil*, III, 2367.
2. Espérandieu, *Recueil*, I, n. 108 ; Clerc, *Aquae Sextiae*, pl. VI.
3. Espérandieu, *Recueil*, I, n. 121.
4. Cette figure est reproduite d'après un moulage spécial conservé au Musée de Saint-Germain. Le scalp se trouve en haut à droite des trophées de gauche de la face Nord (la fig. 2, pl. II appartient aux mêmes trophées en bas à gauche).

Pl. L

2. Un des sculps de l'arc d'Orange.

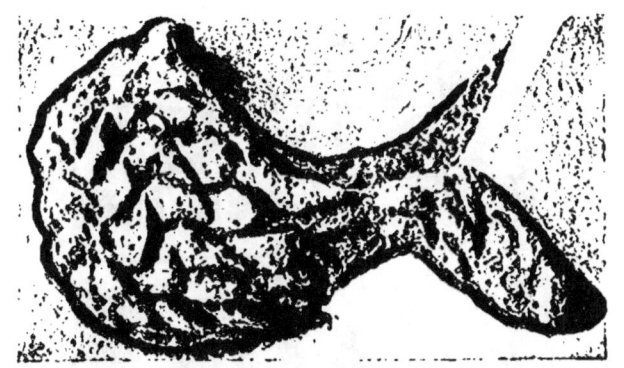

1. Deux têtes coupées d'Entremont.

1. Le trophée au scalp du sarcophage Ammendola.

Pl. II.

2. Une des têtes coupées de l'Arc d'Orange.

on dirait qu'on n'a coupé que la partie médiane du cuir chevelu [1], celle qui correspond à la tonsure ecclésiastique, et que l'on a disposé les cheveux qui en partent en un cercle de mèches. Cette disposition se retrouve dans tous les autres monuments qu'on peut alléguer pour établir l'usage du scalp chez les Gaulois. Ce sont tous, — à deux exceptions près [2] — des trophées anthropomorphes. On peut croire que leur prototype remonte au fameux ex-voto d'Attalos I. On sait que le roi de Pergame avait consacré à Athènes, vers 225 [3], pour commémorer sa victoire sur les Galates, un monument, où les groupes, sans doute de grandeur mi-naturelle, qui la rappelaient étaient encadrés entre trois autres ensembles destinés à en montrer comme le prototype dans le mythe, la légende et l'histoire : la victoire des Dieux sur les Géants, celle des Héros sur les Amazones, celle des Athéniens sur les Perses. Or, dans les deux sarcophages qui peuvent le mieux nous donner une idée de la Galatomachie et de l'Amazonomachie, le premier montre à l'angle gauche (pl. II, 1) [4], le second à l'angle droit, un trophée anthropomorphe surmonté d'un scalp [5]. Il n'est pas surprenant qu'on ait prêté aux Amazones la coutume du scalp que nous avons vu décrite par Hérodote pour les Scythes; les deux trophées aux scalps ont pu se répondre aux deux extrémités, si ces groupes, relatifs aux deux victoires remportées par les Grecs en Asie, occupaient un même côté de l'ex-voto. Si l'on admet que le trophée au scalp a figuré ainsi dans l'ex-voto d'Attalos I, ce ne serait pas seulement un

---

1. C'est à ce système de scalp que paraît faire allusion l'évêque Fulgence de Ruspe parlant de la persécution vandale, *Serm.* 6, 9 : *detrahebatur cutis a capite, coronae parabantur ad caput : beati perrexerunt decalvati, redeunt coronati.*
2. La tête de Naples décrite p. 26, n. 2 et les deux piliers aux trophées des Uffizi de Florence décrits *Rev. arch.*, 1912, II, p. 326, n. 3.
3. Cf. A. Reinach, *Revue celtique*, 1908, p. 16.
4. C'est le célèbre sarcophage Ammendola au Musée du Capitole, S. Reinach, *Rev. arch.*, 1888, pl. XXII ; Bienkowski, *Die Darstellungen der Gallier*, pl. IV, p. 42; Helbig-Amelung, *Führer* (1912), n. 773. La fig. est empruntée à une photographie faite d'après le moulage du Musée de Saint-Germain.
5. C'est un autre sarcophage du Musée du Capitole, C. Robert, *Die antiken Sarkophagenreliefs*, II, pl. 32 ; Helbig-Amelung, *Führer* (1912), n° 865. Rapprochez de ces sarcophages, pour le type, celui de la Gigantomachie, Helbig-Amelung, n° 209 et ceux des Niobides, *ibid.*, 382 et 1209.

nouvel indice que l'usage du scalp s'est étendu aux Gaulois d'Asie et que la figuration du trophée au scalp [1] remonte à l'ex-voto pergaménien ; ce serait aussi un argument à ajouter à ceux qui incitent à voir dans cette coiffure les cheveux coupés et non un bonnet en fourrure. Il serait singulier que les Scythes eussent exactement le même bonnet que les Gaulois ; d'ailleurs, les touffes de poil ne sont jamais traitées ainsi dans les représentations de fourrure. Si l'on objecte que la poutre des trophées anthropomorphes est toujours surmontée d'une coiffure de guerre, on possède une tête de Galate qui permet de croire que les Gaulois se coiffaient parfois du scalp enlevé à l'ennemi. Sur cette tête — dérivée peut-être des groupes de Pergame, — on voit descendre sur le front et entourer les tempes une coiffe en cuir qu'une sorte de bride fixe sous le menton ; sur cette coiffe, qui enveloppe la tête du front à la nuque, des mèches souples s'allongent, pareilles à celle qu'on voit sur nos trophées au scalp [2]. Ainsi, le scalp aurait été une coiffure de guerre gauloise.

1. On le retrouve sur trois sarcophages publiés par Blenkowski, *op. cit.*, pl. VII *a* (Blundell Hall), *b* (Pise), IX *a* (Villa Panfili). De ces Galatomachies, le trophée à scalp a passé à des batailles impériales contre barbares. Ainsi, on le trouve à l'angle gauche (l'angle droit est orné d'un casque à cornes comme sur les sarcophages inspirés par les ex-voto pergaméniens) d'un sarcophage qui semble représenter Trajan recevant la soumission des chefs Daces et Marcomans (les Daces seraient les seuls à porter le bonnet phrygien ; sur le petit côté droit des jeunes gens imberbes semblent s'enfuir portant sur leurs épaules le même rouleau de bagages que j'ai signalé sur la Colonne trajane et les trophées gaulois des Étoliens à Delphes). Cf. Amelung, *Katalog der antiken Skulptur im Vatikan* (Cortile du Belvédère n° 39); sarcophage semblable au Musée des Thermes, salle XIV. Au Vatican, on retrouve le scalp sur l'un des deux trophées gaulois sculptés sur la cuirasse du I*er* s. qu'on a surmontée d'une tête de Lucius Verus de la *Gall. delle Statue*, n° 420 (Helbig-Amelung, n. 212) et sur la base aux trophées gaulois de la *Sala della Croce greca*. On y voit un scalp avec un casque à cornes, des boucliers hexagonaux et peltiformes, une corne à boire, un *vexillum*, un *carnyx*, une *tuba*. J'ai encore relevé deux trophées à scalp parmi les débris de sculpture conservés au Palatin, l'un dans un angle de sarcophage encastré dans un pilier ornemental sous le *Casino Farnese*, un autre dans l'un des quatre piliers où l'on a réunis, au milieu d'une salle de la *Domus Augustana*, les fr. de reliefs trouvés dans les fouilles de la Villa Mills.

2. C'est la tête provenant d'un relief trouvé à Naples décrite par Matz-

De l'examen des textes et des monuments, on peut donc conclure :

1°) que les Gaulois coupaient la tête de leurs ennemis tués pour la conserver ou bien clouée à l'extérieur de leur demeure, ou bien enfermée dans un coffre ;

2°) qu'ils se bornaient souvent à enlever le scalp dont il leur arrivait de se servir comme de coiffure ;

3°) qu'ils consacraient parfois la tête, ou seulement le crâne, dans le sanctuaire de leur dieu de la guerre qu'ils figuraient avec une tête colossale entourée de ces dépouilles humaines.

Duhn, n. 4023. Bienkowski, *op. cit.*, p. 148, voit une coiffure en crins de cheval dans la coiffe où je reconnais un trophée de guerre (avec S. Reinach, *Les Gaulois dans l'art antique*, p. 153, n. 4). C'est une coiffure de ce genre que Bienkowski veut voir partout où se trouve ce que je considère comme un scalp. Où est le texte qui en fasse mention ? On se réfère généralement à l'opinion de F. de Saulcy. Mais voici ce qu'il écrit dans le *Journal des Savants*, 1880, p. 79. « L'existence d'une autre coiffure militaire dont Diodore ne parle pas nous est révélée par les trophées de l'Arc d'Orange. C'est une sorte de capuchon en peau de bête recouverte de touffes de poil et que Juvénal, VIII, 145, nous apprend avoir été en usage chez les Santons *Tempora santonico velas adoperta cucullo* » et p. 77 « Il se pourrait que ce fussent des têtes de Romains reprises au cou des chevaux montés par des Gaulois vaincus », et il cite comme pièces de comparaison les deniers d'argent de l'Eduen Dumnorix (notre n° 5) et les statères d'or des Aulerkes Cénomans où se voit un personnage portant des deux mains des têtes coupées qu'il tient par leur longue chevelure. Le scalp se voit aussi à l'un des angles de la ciste d'Ascagni ornée d'armes gauloises (*Bull. Comunale di Roma*, 1900, p. 256).

5   6   7

8. Les têtes coupées d'Alesia [1].

II

Nous avons passé en revue tout ce que les textes et les légendes, les monnaies et les sculptures, peuvent nous apporter de renseignements sur la *tête coupée* en Gaule. La réalité et l'importance du rite paraîtront sans doute suffisamment démontrées. Reste à le situer dans la série des rites de même ordre et à l'expliquer.

Le rite que nous étudions fait partie des coutumes qui règlent le sort fait aux dépouilles enlevées à l'ennemi. Il faut donc examiner ce que nous savons par ailleurs sur les trophées en Gaule. Le texte le plus explicite est celui de César : « Mars, nous apprend-il en passant en revue les

[1]. Voir mon article sur *Les têtes coupées et Hercule à Alésia* dans *Pro Alesia* 1913.

divinités des Gaulois, Mars est l'arbitre de la guerre[1]. C'est à lui que, lorsqu'ils ont résolu d'en décider par un combat, ils vouent en majeure partie ce qu'ils pourront prendre par la guerre. Lorsqu'ils ont été vainqueurs, ils immolent les êtres vivants pris et réunissent le reste dans un lieu déterminé. Dans beaucoup de cités, on peut voir des monceaux faits d'une accumulation de pareils objets dans des lieux consacrés ; et et il n'arrive guère que, au mépris de la religion, quiconque ait l'audace ou de cacher chez soi une part des prises, ou d'enlever quoi que ce soit au dépôt : pour ce crime, le dernier supplice, avec tortures, est de règle »[2].

Tout ce que nous apprend ce texte, si on le réduit en formules de rituel, s'enchaîne à merveille et trouve sa confirmation dans les diverses données qu'on possède par ailleurs sur le même sujet.

I. — *Avant toute importante entrée en campagne ou à la veille de toute bataille décisive, les Gaulois vouent au dieu de la guerre les dépouilles de l'ennemi.*

Ainsi, avant Télamon (225) et avant Clastidium (222), on voit les rois des Gaesates vouer, l'un à Mars, l'autre à Vulcain les dépouilles des Romains[3] ; Ammien rappelle que les Scor-

1. C'est probablement Teutatès — le *Mars Toutatis* des inscriptions — que César vise ici, celui dont Lucain fait le dieu des sacrifices humains (I, 444 : *placatur sanguine diro Teutates*). Cf. en dernier lieu Jullian, *Histoire de la Gaule*, II, p. 119 et 125.

2. César, *B. G.*, VI, 17. Je reproduis ici la traduction Artaud-Lemaître, d'après laquelle on a, en général, cité ce passage. On verra, au cours des pages suivantes, que c'est pour ne pas s'être reporté au texte qu'il a été si imparfaitement compris.

« Mars est l'arbitre de la guerre. Très souvent, quand les Gaulois ont résolu de combattre, ils font vœu de consacrer à Mars les dépouilles de l'ennemi. Après la victoire, ils immolent le bétail qu'ils ont pris, le reste est déposé dans un endroit déterminé. Dans beaucoup de cités, ou peut voir des lieux consacrés où s'élèvent des monceaux de dépouilles ; il n'arrive guère qu'un Gaulois ose, au mépris de la religion, cacher chez lui une partie du butin ou enlever quelques objets du dépôt ; la peine de mort, précédée des tortures les plus cruelles, est réservée à un pareil crime. »

3. Florus, II, 4, 4 : *Ariovisto duce* (contrairement à Jullian, *op. cit.*, I, 449, je l'identifie à l'Aneroestos de Polybe ; cf. Waltzing, *Rev. d. Et. anc.*, IV, p. 55) *vovere de nostrorum militum praeda Marti suo torquem*. (Ce dernier mot a été inséré à cause de la suite : *Intercepit Jupiter votum : nam de torqui-*

disques immolaient les prisonniers *Bellonae et Marti*[1]. Cette *Bellona* est apparemment la déesse de la guerre dans le temple de laquelle, à Milan, les Insubres avaient placé leurs enseignes les plus sacrées et, sans doute, les plus belles dépouilles de leurs ennemis (224)[2]. C'est que, pour s'assurer l'appui du dieu dans la bataille, il est nécessaire de l'intéresser au succès. Si, malgré un pareil vœu, la victoire échappe, il faut que les chefs dont le vœu n'a pas été agréé se dévouent : ainsi doivent probablement s'expliquer la plupart des suicides des chefs Gaulois vaincus[3].

On peut se demander quelle était la nature véritable des divinités guerrières désignées sous les noms latins de Vulcain, de Mars ou de Bellone. Mars et Vulcain répondent aparemment aux dieux que certaines tribus gauloises appelaient Teutatès et Esus; l'un et l'autre ont été identifiés par les Romains à Mars et on sait, par la fameuse scholie de Lucain, que tous deux recevaient des victimes humaines : celles de Teutatès auraient été plongées la tête la première dans un bassin plein d'eau; celles d'Ésus suspendues à un arbre[4]. Nous avons déjà rencontré le supplice de la pendaison ou du crucifiement à des arbres sacrés appliqué aux prisonniers de guerre[5] et, sur la plaque du chaudron de Gundestrup qui représente un départ pour la guerre, on voit précisément un personnage géant sur le point de plonger un homme qu'il a saisi dans un bassin

---

bus eorum autem tropaeum Jovi Flaminius erexit). Puis (*Gaesatae*) *Viridomaro rege, Romana arma, Vulcano promiserunt*. Ce fut Marcellus qui consacra à Jupiter Feretrius les armes de Virdomar, Plut. *Marc.* 6 et 7.

1. Amm. Marc., XXVII, 4, 4. De même les Gètes sacrifient leurs prisonniers à leur Mars, suspendent en son honneur les dépouilles aux arbres et lui consacrent les prémices du butin (Jordanes, *Get.*, V).

2. Αἱ χρυσαῖ σημαῖαι αἱ ἀκινήτοι λεγομέναι καθέλοντες τῆς Ἀθηνᾶς ἱερὸν, Polybe, II, 32. Ces enseignes dorées, dites les *inamovibles*, conservées dans un temple, rappellent l'oriflamme royal déposé à St-Denys. L'identification de la déesse gauloise à Bellona a pu être facilitée si elle portait le nom de Belisama souvent identifiée à Minerve.

3. C'est l'idée déjà exprimée par Jullian dans ses *Recherches sur la religion gauloise*, 1903, p. 53.

4. Voir p. 11, n. 1.

5. Voir p. 9-11 et pensez aux 3 ou 4 (ou 8 ou 9) têtes humaines qu'on aurait trouvées sous un autel de Mars près d'Apt, *CIL*, XII, 1077.

profond[1]. Comme les Romains voyaient surtout en Vulcain le dieu du feu, ils ont pu lui assimiler le dieu des Gaesates; ceux-ci brûlaient les dépouilles qu'ils lui livraient : c'est ce que les Romains appelaient *Vulkano cremari*. Peut-être ont-ils aussi pensé à la hache du dieu gaulois qui pouvait rappeler le marteau de leur Vulcain. On sait qu'*Esus* est représenté la hache en main sur l'autel de Paris où il semble répondre à *Volcanus* et avoir eu comme vocable *Smertullos* « le frappeur » ; on sait aussi que les Celtes paraissent avoir muni d'une hache ou d'un maillet le dieu meurtrier des orages. Quoi qu'il en soit, il est curieux de trouver que, quatre siècles plus tard, au temps de Marc Aurèle, des soldats Gaesates du Valais en garnison à Tongres y adoraient encore Vulcain[2].

Il n'est pas moins naturel que les Romains aient appelé Bellone une déesse gauloise de la guerre. Comme ils désignaient sous ce nom leur déesse guerrière, il est difficile de savoir si les quelques dédicaces à *Bellona* ou à *Victoria* qu'on a relevées en Gaule recouvrent ou non une divinité indigène[3]. On ne peut guère se prononcer que pour la *Victoria Andarta* qu'on trouve chez les Voconces à Die (Drôme). On l'a identifiée avec raison à l'*Andrasté* ou *Andaté* à laquelle on verra une reine des Bretons consacrer les prisonniers de guerre. D'Arbois de Jubainville avait proposé de rapprocher son nom d'Artaios, surnom de Mercure dans l'Isère, et d'Artio, déesse ourse de Berne[4]. Un monument donne un intérêt particulier

---

1. Pour le supplice de Ste-Reine à Alésia rapproché de celui que montre le chaudron de Gundestrup, cf. Jullian, *Pro Alesia*, 1907, p. 186 et A. Reinach, *ibid.*, p. 221.

2. Waltzing, *Rev. d. Ét. anc.*, 1902, p. 53 : *Volkano sacrum*. Parmi les rares dédicaces à Vulcain en Gaule, remarquez celle de Sens qui l'associe à Mars et à la déesse du feu : *CIL*, XIII, 2940, *Marti, Volkano et deae sanctissimae Vestae*.

3. Voir J. Toutain, *Les cultes païens dans l'Empire romain*, I, p. 433.
Je ne trouve pas mentionnée par M. Toutain la dédicace à Mars et à Bellone recueillie à Alesia *CIL*, XIII, 2872, la seule peut-être qui, en raison de son lieu d'origine, puisse se référer à un couple guerrier indigène romanisé. Polybe, II, 326, désigne sous le nom d'Athéna la déesse guerrière des Insubres; on peut donc la chercher dans les Minerves gallo-romaines.

4. D'Arbois, *Rev. celt.*, X, p. 165. Tout en mentionnant l'étymologie de D'Arbois, Holder, *s. v.* dans les *Nachtraege*, dit préférer la forme *Adrasta*

à cette dédicace : c'est aussi en pays voconce qu'a été
découverte la statue bien connue sous le nom de « monstre
de Noves »[1]. Ce monstre est certainement un ours, défiguré
pour le rendre plus épouvantable : le bras d'une des victimes
qu'il a englouties lui sort de la gueule, ses pattes reposent
sur deux têtes *scalpées*. Ce détail montre qu'il ne s'agit pas,
comme avec d'autres « carnassiers androphages » gaulois —
surtout des loups — d'une personnification monstrueuse de la
mort : il s'agit de l'incarnation animale d'une divinité à qui
l'on sacrifie des prisonniers de guerre.

Andarta est donc « la grande ourse » (*ande*-augmentatif et
arta, *artos*, ours). Son culte chez les Voconces n'a pas lieu d'étonner : on s'y trouve entre Alpes et Pyrénées, les montagnes dont
l'ours est le roi. On sait comment les ours de Berne y perpétuent, au cœur des Alpes, le culte d'Artio[2]. En Espagne, c'est à un
culte de l'ours que permettent de conclure les nombreux noms de
lieu dans le nom desquels *ursus* rentre (Ursao, Ursal, Orsuna)[3],
les monnaies, non moins nombreuses, frappées au type de la
tête d'ours, enfin la coutume de brûler la tête des ours qui
trouvaient la mort dans les jeux ; Pline[4] explique cette coutume

---

et l'explication qu'elle comporte *a-dras-tos*, invincible. C'est en rester à
l'étymologie qui avait sans doute permis aux Gréco-Romains d'identifier la
déesse celtique à leur *Adrasteia*.

1. S. Reinach *Cultes*, *Mythes et Religions*, I, p. 271. Comme modèle
pour le monstre de Noves on peut songer à ces lions et griffons portant
une tête humaine entre leurs pattes tels que l'art étrusque paraît en avoir
hérités de l'art lydo-phrygien (voir p. e. le fronton du sarcophage d'Orviéto,
Milani, *Museo Etrusco di Firenze*, pl. XLVIII).

2. S. Reinach, *op. cit.*, I, 176. Ne doit-on pas rapprocher le St Ursus de
Soleure, ville voisine de Berne ?

3. Je me demande s'il ne faudrait pas expliquer les noms comme *Andosini*, peuple entre Èbre et Pyrénées, *Andusia*, localité voisine de Nîmes,
Anduro, ville de Bétique *Andossus*, nom d'homme aquitain, enfin *Andarra*
— notre Val d'Andore — et *Andoses* ou *Andosus*, surnom des dieux pyrénéens *Basces* et *Ilunus* (*CIL*, XIII, 26 ; XII, 4316 : on sait qu'Ilunus a été
identifié à Hercule à Narbonne) de la même façon qu'*And-arta*. De son
côté, D'Arbois a rapproché d'*artos* tous les noms irlandais du type d'Arthmael, Arthgen (Arti-genos), Arthur (*Les Celtes*, p. 41 ; *Les Druides et les
dieux à forme d'animaux*, p. 157).

4. Pline, VIII, 54, 5.

par un maléfice que contiendrait leur cervelle. Ne faut-il pas y voir plutôt une nouvelle trace d'un culte totémique ? On consumerait la tête de l'ours comme on brûlait le corps de Viriathe sur un bûcher [1] ; il s'agirait à la fois de la dérober aux outrages et de l'envoyer plus sûrement rejoindre le génie de l'espèce. On sait que les Lusitaniens immolaient aussi des prisonniers de guerre à leur Mars [2] et un des Mars celtibères a porté le nom de *Bŏdus* [3]. Dans *Bŏdus*, comme dans *Boudicca*, il faut reconnaître la racine *bheud, bhoud*, celle dont viennent l'irlandais *buaid* et l'allemand *beute*, notre *butin* [4].

Il est un autre nom d'animal qui, en Irlande, est associé à l'idée de la guerre et du combat ; c'est *bodb*, la corneille ou le corbeau. Dans l'épopée irlandaise, *Bodb* ou *Badb* est un des

1. Appien, *Hisp.*, 74. Diodore, XXXIII, 22. On ne peut sans doute pas supposer la même coutume pour les Celtes d'Espagne, Silius Italicus, III, 341, disant expressément que les Celtibères regardaient comme un crime de brûler les guerriers morts en combattant. Cf. L. de Vasconcellos, *Religiões da Lusitania*, III, p. 369.

2. Strabon, III, 3, 6. On a rappelé plus haut que, lorsqu'ils ne les tuaient pas, les Lusitaniens coupaient la main droite de leurs prisonniers et l'offraient aux dieux. Cf. p. 15, n. 3.

3. *CIL*, II, suppl. 5670. Cf. le nom de femme *Boudinna* sur une autre inscr. d'Espagne, II, 625 et les *Matres Boudunn(ehae ?)* d'une dédicace de Cologne, *Korr.-Bl. der Westd. Zt.* XI, 1892, p. 100.

4. Sur cette étymologie, voir J. Loth, *Mém. Soc. Ling.* VII, p. 158 et plus bas p. 268, n. 2.
Sur ses déesses de la guerre irlandaise et le corbeau les textes importants ont été réunis depuis longtemps par W. M. Hennessy *Revue celtique*, I, p. 32-56 ; j'ai ajouté quelques faits et références touchant au culte du corbeau dans *L'Anthropologie*, 1907, p. 194. Je n'ai qu'à préciser ici certains traits de l'argumentation à laquelle il est fait allusion dans le texte. Babd est également connue sous le nom de Babdcatha « Babd des batailles », nom qui se retrouve, sous la forme *Athubodua* ou *Cathubodua* sur un autel de Bonneville, Haute-Savoie (*CIL*, XIII, 2571) ; ce nom permet de rapporter à celui de la déesse toute une série de noms propres gaulois, comme Boduogenos, Boduognatus. Quant à *Neman* ou *Nemaind*, elle apparaît comme la parèdre d'un dieu guerrier *Nel*, peut-être préceltique (cf. Rhŷs, *Celtic Britain*, p. 283), qu'on a rapproché du dieu guerrier *Nelus* ou *Neto* des Accitans de Tarraconaise (Macrobe, I, 19, 5. Cf. *CIL*, II, 365, 3386 et 5278); Neit est dit dieu du combat (*dia catha*) au *Glossaire de Cormac*. Nemetona se rencontre, associée à Mars, à Bath dont la déesse, *Sul Minerva*, est la Minerve protectrice du feu dont parle Solin, 22, 10. Dans les légendes galloises la déesse de la guerre passe pour l'épouse de Nûdd « à la dextre

noms que porte la déesse de la guerre. Plus que ses trois sœurs — *Macha*, à qui des lexiques donnent également le sens de « corneille », Nemaind qu'on a rapprochée de *Nemetona* souvent associée en Gaule à Mars, et Morrigu ou Morrigan « la grande reine », aïeule de notre fée Morgane, — Bodb, elle, a gardé son caractère primitif; dans toute bataille, elle tournoie sous forme de corbeau sur la tête des guerriers : « les prémices de Macha, dit une glose irlandaise, ce sont les têtes des hommes tués »[1].

On comprend sans peine que le corbeau ait passé pour incarner l'esprit de la guerre. C'est lui qui suit les armées en campagne, flairant les cadavres; c'est lui qui nettoie les champs de bataille. Il est aidé dans cette œuvre par le chien sauvage ou le loup. C'est sans doute ainsi qu'il faut expliquer que le chien ou le loup soit devenu le compagnon du Dispater gaulois, comme il est, sous le nom de Cerbère, « le mangeur de chair », l'animal d'Hadès-Pluton[2]. Ce n'est pas non plus sans doute par l'effet du hasard que Cûchulainn, « le chien de Culann », le grand héros guerrier de l'Irlande, passe pour le fils de Lug, alors que, suivant le Pseudo-Plutarque, les Gaulois

d'argent ». D'après une théorie, d'ailleurs très contestable, de Sir John Rhŷs, Nûdd Llaw Ereint en gallois, ou Nuada Argetlâm en irlandais, serait une forme de *Net-Neton* et l'on a trouvé à Lydney Park (Llûdd = Nûdd ; cf. Caer Ludd, Londinum, Londres) des dédicaces à *Marti Nodenti* ou *Nudente* (J. Rhys, *Celtic Britain* et *Studies in the Arthurian Legend*, p. 169; cf. Hubert, *R. Celt.* XXXIV, p. 7). — Il paraît peu probable que Macha ait signifié « corneille »; c'est par suite de son identification à Bobd qu'un lexicographe a dû lui donner cette signification alors qu'elle n'était qu'un vocable de la déesse, vocable qu'il faut sans doute rapprocher du grec μάχη, combat, du latin *mactare*, immoler. — Sur *Morgan la fée*, cf. Loth, *Contributions à l'étude des Romans de la Table Ronde*, p. 53. — Je n'ai qu'à rappeler dans cette *Revue* la théorie que D'Arbois y a si ingénieusement soutenue pour montrer, dans les trois oiseaux qui sont perchés au-dessus du *Tarvos Trigaranos* sur l'autel de Paris, Morrigan, Babd et Macha sous leur forme animale avertissant le taureau de Cooley ; Cûchulainn serait la forme irlandaise d'Esus Smertullos et son compagnon Conall Cernach celle de Cernunnos : tous deux formeraient les Dioscures adorés par les Celtes de l'Océan selon Diodore (*Rev. Celtique*, XIX, p. 246; XX, p. 83 ; *Les Celtes*, p. 58-64).

1. Wh. Stokes, *Rev. Celtique*, XII, p. 127.

2. Voir ma note sur *La déesse au chien* dans les *Mémoires de l'Académie de Vaucluse* (1913). La Morrigan apparaît sous forme de louve rouge pour combattre Cûchulainn, cf. *Rev. Celt.*, 1908, p. 197.

désignaient sous le nom de λουγον une espèce de corbeau. Les deux démons guerriers, associés sur les champs de carnage, ont été unis par un lien de filiation. On connaît le rôle que joue le corbeau auprès d'Odin, le dieu germanique de la guerre, et la parèdre de ce dieu a pu s'appeler *Baduhenna* « la dame du corbeau » en Frise [1] ; les monuments gallo-romains associent le corbeau à Sucellus ; ce nom, interprété comme « le frappeur », peut faire tenir la divinité qu'il désigne pour une des formes du dieu de la guerre gaulois.

Un troisième nom celtique appliqué à une espèce de corbeau, *branos*, a pu également devenir celui d'une divinité guerrière. C'est évidemment ce nom qui se retrouve dans Brân, le héros géant, pendant gallois de Cûchulainn, dont nous avons déjà parlé à propos des légendes de sa tête coupée ; on a reconnu des doublets de ce demi-dieu dans deux autres héros gallois, Owein et Urien, qui ont passé des Mabinogion aux Romans de la Table Ronde. Or, Urien a un corbeau comme compagnon et guide et Owein une armée de corbeaux [2]. Brannogenium et Brannodunum, villes de la Bretagne gallo-romaine, attestent peut-être l'importance du culte de Bran (malgré leur double *nn*) ; et, puisque Brannogenium est devenu Brandon Castle, y a-t-il impossibilité à croire que les divers S*t* Brandan, dont les légendes ont englobé tant d'éléments celtiques, aient recouvert par endroits le culte de « Bran le saint ? » Une de ses légendes ne donne-t-elle pas au saint pour sœur cette Briga, Brida ou Brigitte en qui revit certainement la déesse guerrière des Brigantes, la *Dea Victoria Brigantia* [3] ?

Que le dieu-corbeau, Brân, ait été l'objet d'un culte en Gaule c'est ce que des noms de lieu peuvent attester pour lui [4] comme

1. Tacite, *Ann.*, IV, 73. Cf. p. 33, n. 3.
2. Sur Brân, Urien et le corbeau ; cf. Skene, *Four Ancient Books of Wales*, I, p. 298 ; J. Rhys, *The Arthurian Legend*, ch. 11 (il a montré que Bran survivait dans le roi Brandegore, le sire Brandiles et Uther Pendragon de la légende arthurienne). Dans ses *Hibbert Lectures* (1886, p. 282-304). Sir John Rhys a cherché à prouver l'identité du héros gaélique Gwydion avec Odin ; sa thèse n'a généralement pas été acceptée.
3. *CIL*, VII, 200 ; Haverfield, *Eph. Epigr.*, X, n. 1120. Sur la Minerve bretonne, E. Windisch, *Das Keltische Britannien* (Leipzig, 1912).
4. Tous les noms dérivés de *Brennacus*, comme Brenaz, Bernac, Berny,

pour Lug[1]. Ce ne saurait être un hasard qui nous a transmis pour Lyon, *Lugudunum*, une tradition qui montre son emplacement désigné par un corbeau[2]; de même, les nombreuses monnaies où l'on voit un oiseau qui semble guider un cheval ou reposer sur son dos — oiseau qui rappelle particulièrement un corbeau chez les Sénons —, la légende de Ségovèse conduit vers le Danube par des oiseaux[3] et la peuplade des Aulerques Brannovices « guerriers de Brannos », ne sont-ce pas là autant d'indices qui permettent de se demander si, dans le nom de Brennus donné au chef des Gaulois devant Rome (Sénons) et devant Delphes, il ne faut pas voir un titre emprunté au corbeau qui pouvait lui servir d'enseigne ou orner le casque du chef, descendant et délégué du dieu ?[4] Que ce chef ait porté le nom du dieu qui guidait les guerriers à la bataille, c'est ce dont on pourrait voir une confirmation lointaine dans le passage de Geoffroy de Monmouth qui montre Belenus et Brennus — Beli et Bran dans la version galloise — se disputant la couronne de Bretagne[5], puis partant pour la conquête de Rome et

---

etc. Sur Brendan, forme hypocoristique de Brenaind, voir en dernier lieu K. Meyer, *Sitz. ber. Berl. Ak.*, 1912, p. 436.

1. De Lugudunum dérivent Lyon, Laon, Lion en Sullias (Loiret), Leyde, Liegnitz en Autriche, Louth (Lugh-magh) en Irlande, etc.

2. Ps.-Plutarque, *De Fluviis*, VI, 4. C'est là que se trouve l'explication λόγον τον κόρακα. Il faut rappeler qu'acceptée par D'Arbois, elle a été contestée par Gaidoz, par Loth et par Holder, *R. cell.*, VI, p. 489 ; X, p. 490, XXVI, p. 129.

3. Justin, XXIV, 4, 3.

4. J'ai montré ailleurs que, si les rois de Macédoine portaient des cornes de chèvre sur leur casque, c'est que leurs guerriers avaient d'abord marché sous la conduite d'un bouc divin, dont le chef avait fini par revêtir la dépouille. On sait que Gaulois (Diod., V, 30, 2) et Cimbres (Plut., *Mar.*, 25) ornaient leurs casques de têtes fantastiques d'animaux ; Solin, 22, montre les Bretons vêtus au combat de peaux de bêtes. Le corbeau comme enseigne ne nous est pas connu chez les Celtes, mais chez les Danois et chez les Normands : ceux-ci avaient une bannière appelée *corbeau* ; quand ils devaient être vainqueurs un corbeau venait se poser sur elle ; sinon le drapeau retombait inerte (Hennessy, *Rev. celtique*, I, p. 53). Les mentions dans l'épopée irlandaise de guerriers à têtes d'animaux sont peut-être dues à une méprise pour la tête d'animal qui coiffait certains guerriers (*Rev. cell.*, XXVI, p. 139). Les fouilles en Espagne ont fait connaître ces cercles de fer surmontés de corbeaux qui, d'après Strabon, servaient de support aux coiffures des femmes d'Ibérie (Cerralbo, *C. R. Ac. Inscr.* 1913, p. 529).

5. Geoffroy de Monmouth, *Hist. Brit.*, III, 1.

du monde. Il doit y avoir là des souvenirs confus des deux Brennus et de la double expédition des deux frères, Ségovèse et Bellovèse : le Belenus de cette légende couvrant évidemment le dieu gaulois de ce nom, ne peut-il en être de même de Brennus [1] ?

Quoi qu'il en soit, ce qui semble bien établi c'est que, chez les Celtes comme chez tous les peuples primitifs, le dieu de la guerre n'est pas essentiellement distinct du dieu de la mort ; l'un et l'autre manifestent leur action par des cadavres et ce sont les carnassiers qui dévorent les morts qui passent naturellement pour incarner l'esprit de meurtre et de dévastation : l'ours dans les montagnes, plus généralement le chien-loup et le corbeau. C'est seulement par la suite que le culte des armes va contribuer à anthropomorphiser ces animaux sacrés : le glaive infaillible de Nuada, la lance qui frappe d'elle-même de Lug ont été d'abord des fétiches, adorés pour eux-mêmes, comme la hache de Thor ou la flèche d'Abaris [2].

Puisque telles sont, à l'origine, les divinités de la guerre, on comprend qu'il ait fallu, pour obtenir leur aide, leur promettre des victimes à dévorer. Toute entrée en campagne devait donc, primitivement, être accompagnée d'une dévotion, non des dépouilles, mais des corps mêmes de l'ennemi ; de cette consultation des dieux de la guerre il n'est resté, à l'époque romaine, que quelques rites préliminaires [3] et la consécration des dépouilles. On va voir que l'ancien rite de la consécration totale était encore connu de César et qu'il a été pratiqué par les Gaulois jusqu'en plein Ier siècle.

1. Bien que le rapprochement de *Bran* et de *Brennus* soit déjà dans Mac Culloch, *Relig. of the Celts*, 1911 (avec un point d'interrogation, il est vrai), peu de celtistes seront sans doute disposés à l'admettre [N. d. l. r.].

2. Sur la flèche d'Abaris chez les Celtes voir de Saulcy, *Rev. Num.*, 1842 et mon mémoire précité, *L'Anthropologie*, 1909, p. 197. Remarquez qu'Abaris s'est confondu chez les Gètes avec Zamolxis, dieu ours comme Artio.

3. On peut voir des traces de ces rites préliminaires dans la fameuse réunion des Gaulois au milieu du bois sacré des Carnutes où des serments sont échangés devant les dieux des enseignes (*collatis militaribus signis*, VII, 2, 2), réunion suivie du massacre des Romains à Génabum. On doit comparer Arminius réunissant ses alliés, et Civilis ses Bataves dans des bois sacrés (Tac., *Ann.*, II, 12 ; *Hist.*, IV, 14). Comme consultation des dieux, on peut en trouver des traces en Bretagne quand Boadicée lâche un lièvre animal sacré, avant de conduire son armée au combat, et quand un roi d'Irlande consulte son druide avant la bataille (*Rev. celt.*, 1903, p. 180).

II. — *Pour accomplir ce vœu, tout ce qui est pris vivant est immolé.*

Que l'*animalia* de César ne vise pas seulement le bétail, mais tous les êtres vivants, on ne le sait pas positivement pour les Gaulois [1], mais on peut leur attribuer sans doute un usage qu'on retrouve chez leurs voisins du sud-est et du nord-est.

Pour les Ligures, rappelons le sac de Modène, en 176, où prisonniers et animaux sont semblablement égorgés [2].

Pour les Germains, en dehors de la bataille de Teutobourg alléguée plus haut, où les vainqueurs ne firent aucun quartier et firent périr tous les gradés par des supplices à caractère religieux, on peut rappeler que, dans une guerre entre les Hermondures et les Cattes, les vainqueurs avaient voué toute l'armée ennemie : « *Marti ac Mercurio sacravere quo voto equi, viri, cuncta victa occidioni dantur* » [3]. Ainsi, le peuple des Bructères, au nombre de 60.000 âmes, dut être anéanti par les Chamaves et les Angrivariens sans qu'il en restât un seul homme [4]. C'est de pareils usages que dut venir la réputation qu'eurent les Gaulois d'extrême férocité et, même, de cannibalisme [5].

D'ailleurs, Diodore dit formellement des Gaulois, sans doute d'après Posidonios, « qu'ils se servent des prisonniers comme

1. Toutefois, c'est peut-être en accomplissement d'un vœu que les Insubres exterminent, en 295, une légion jusqu'au dernier homme, Liv. X, 26, 11.
2. Liv. XLI, 18 : « Ils tuent les prisonniers après les avoir hachés en pièces ; dans les temples, ils font une boucherie d'animaux plutôt qu'un sacrifice ; ils brisent contre les murailles des vases de toutes sortes. »
3. Tacite, *Ann.*, XIII, 57.
4. Tacite, *Germ.*, 33.
5. Même si l'on partage à cet égard le scepticisme de C. Jullian qui groupe tous les textes relatifs aux sacrifices humains de façon à faire voir comment s'était formée la légende qui avait été jusqu'à accuser les Gaulois de cannibalisme (*Hist. Gaule*, II, p. 157-9) et même si l'on refuse de croire avec S. Reinach (*C. R. Ac. Inscr.*, 1913), que des hommes aient été sacrifiés par les druides, il n'en reste pas moins certain que des victimes humaines étaient immolées dans certaines circonstances et dans certains lieux : ainsi, dans les mannequins d'osier de Taranis, dans l'île des prêtresses Namnètes, dans la forêt sacrée de Semnons. Aux textes réunis par Jullian il faut ajouter ceux de St Jérôme qui affirment l'anthropophagie des Scots qu'il vit en Gaule (*C. Jov.* 36 ; *Ep. ad Ocan.*, IV, 2). Je ne vois, pour ma part, aucune raison de mettre en doute ces sacrifices humains qui sont attestés,

victimes dans les fêtes des dieux ; certains d'entre eux leur ajoutent les animaux pris à la guerre qu'ils égorgent ou brûlent avec les hommes ou détruisent de toute autre manière [1] ».

Le plus terrible exemple d'une guerre inexpiable à caractère religieux est celui que fournit la révolte des Bretons en 59. Ayant pris deux villes romaines [2] « Boudouika y fit un immense carnage ; il n'y eut pas de cruauté que ne souffrirent les hommes qui furent pris. Mais leur action la plus affreuse, la plus inhumaine, fut de pendre nues les femmes de la plus haute naissance et de la plus grande distinction, de leur couper les mamelles et de les leur coudre sur la bouche, afin de les leur voir manger ; après quoi, ils les empalèrent. Ces horreurs se commettaient au milieu de leurs sacrifices, de leurs festins et de leurs orgies, dans leurs temples et principalement dans le bois consacré à Andata ; c'était le nom qu'ils donnaient à la Victoire, et ils lui rendaient un culte tout particulier [3]. » Quand, revenu en toute hâte de Mona, Suetonius Paulinus exhorte ses soldats à combattre les Bretons : « Ne vaut-il pas mieux, leur demande-t-il, succomber en combattant vaillamment que d'être faits prisonniers pour être mis en croix, pour voir ses entrailles arrachées, pour être transpercés de pieux brûlants, pour périr consumés dans l'eau bouillante, comme si nous étions tombés parmi des bêtes sauvages, ne connaissant ni loi, ni religion » [3]. Il paraît certain que ces supplices ne sont pas ici ceux qu'invente une aveugle fureur : contrairement à ce que pensait Suetonius, c'était la religion qui y présidait.

On ne saurait conclure de ces faits que les Gaulois ne faisaient aucun quartier sur le champ de bataille. Il n'est pas

---

pour l'Angleterre celtique, par Pline, XXX, 1. — Tacite, *Ann.*, XIV, 30, précise que ce sont les prisonniers de guerre que les druides sacrifiaient sur les autels de Mona.

1. Diodore, V, 32, 6. Dans un des fr. du l. XXXI qui se place au milieu du II° s., Diodore a conservé un exemple de ce qu'affirme ce texte : un chef Gaulois rassemble les captifs ; il immole aux dieux les plus beaux et les plus robustes et ordonne que les autres soient percés de traits.

2. Dio Cassius, à qui ce passage est emprunté (LXII, 7), n'a désigné nommément que Camulodunum ; Tacite, *Ann.*, XIV, 33, parle aussi de massacre total à Londres et à Vérulam avec plus de 10.000 victimes tuées par les gibets, les croix, le fer, le feu.

3. Dio, LXII, 11. — Sur Andarta, « la grande ourse », voir p. 32.

douteux qu'ils fissent des prisonniers, souvent réservés pour les grandes fêtes expiatoires. Avant de se permettre de soustraire définitivement des victimes au dieu de la guerre, il semble qu'ils aient consulté la divinité. C'est l'usage que deux textes laissent entrevoir pour les Germains de la région rhénane à plus de huit siècles d'intervalle. Délivré par la défaite d'Arioviste, C. Valerius Procillus raconte à César que les Suèves avaient trois fois consulté les sorts en sa présence pour savoir s'il serait brûlé sur-le-champ ou s'il serait réservé pour plus tard [1]. Dans la *Vita* de Wilibrord par Alcuin on voit le roi des Frisons, Radbod, jeter trois fois le sort pour savoir s'il mettrait à mort les chrétiens captifs [2]. Or, on sait par César que les Suèves faisaient consulter les sorts par des matrones pour savoir si les dieux conseillaient ou non de livrer bataille [3] et Tacite a décrit le procédé employé. Ce procédé consistait à jeter au hasard sur une étoffe blanche une poignée de baguettes de bois coupées à un arbre fruitier, chacune marquée d'un signe ; trois fois, après avoir invoqué les dieux, le père de famille ou le prêtre retirait une baguette ; la signification des trois signes ainsi réunis dictait la réponse du ciel [4]. Ces signes, chez les Germains, étaient évidemment des runes ; mais ce terme paraît avoir été emprunté au celtique : en irlandais *rûn* a conservé le sens de *mystère, secret*. D'autre part, on a montré que l'écriture *oghamique* remontait à un système de signes sur baguettes de bois usité par les anciens Celtes [5]. On peut donc croire que l'usage attesté pour les Germains n'était pas inconnu des Celtes ; on pourrait même s'expliquer ainsi que le vocable d'*Ogmios* et le renom de dieu de la parole se soient attachés au génie gaulois de la guerre : ne serait-ce pas précisément pour connaître ce qu'il décidait sur le sort des prisonniers qu'on aurait fait parler les sorts devant son image ou en l'invoquant ?

1. César, *B. G.*, I, 53, 7.
2. Alcuin, *Vita Willibrordi* dans *Acta Sanctorum*, 7 nov. (738).
3. *B. G.*, I, 50, 4.
4. Tacite, *Hist.*, IV, 61.
5. Voir J. Loth. *Rev. celt.*, 1895, p. 313 et *J. des Savants*, 1911, p. 403. La même théorie a été développée par G. Neckel, *Zur Einführung in die Runenforschung* au t. I (1909) de la *Germ.-rom. Monatsschrift*.

III. — *Tout ce qui est inanimé est réuni en monceau.*

Ce monceau pouvait être laissé tel quel à pourrir sur le champ de bataille. Mais on pouvait avoir recours à des moyens plus rapides de le livrer à la destruction qui le donnait aux dieux. Ainsi, c'est l'incendie du butin que doit signifier la consécration à Vulcain que l'on a mentionnée [1] ; le butin rapporté par les Tektosages des expéditions qui les menèrent jusqu'en Grèce et en Asie fut précipité dans les lacs sacrés de Toulouse [2]. C'est par un usage semblable qu'on a expliqué les dépôts d'armes et d'ornements de bronze trouvés, brisés ou hors d'état de servir, dans les tourbières du Danemark [3] : ce serait le reste du butin abîmé par les Cimbres dans leurs lacs. On a pu appuyer cette explication sur le texte qui montre les Cimbres, vainqueurs de Cæpion, combinant avec la noyade d'autres modes de destruction : vêtements déchirés et leurs morceaux dispersés au vent, or et argent jetés à la rivière, chevaux précipités dans des gouffres, équipement des hommes et des chevaux brisé en mille pièces [4].

IV. — *Le monceau des dépouilles s'élève dans un endroit consacré.*

A l'origine, il devait se dresser sur le champ de bataille, — le fait est connu pour celui de l'Allia [5] — comme le trophée gréco-romain, et le champ de bataille était sacré *ipso facto*. Plus tard, quand chaque peuplade fixée au sol — la *civitas* de César n'est pas une cité au sens de *ville*, mais au sens d'*état*, — eut son lieu saint, c'est là qu'on paraît avoir transporté le butin : en Gaule, ce fut généralement un bois sacré comme celui des Carnutes. Quand un véritable temple s'y éleva, c'est lui qui, comme en Grèce ou à Rome, reçut les dépouilles : c'est ainsi que les Arvernes placèrent l'épée de César dans un temple [6],

---

1. On sait que les Romains, pour caractériser l'usage analogue qui était le leur, employaient l'expression : *spolia Vulcano cremantur* (Liv. I, 37 ; VIII, 10 ; XXIII, 46 ; XXX, 6 ; XLI, 12).

2. Strabon, IV, 1, 13 ; Justin, XXXIII, 3, 9. Cf. A. Reinach, *Rev. arch.*, 1907, I, p. 188 et *Bull. Corr. Hell.*, 1910, p. 312.

3. Cf. S. Reinach, *Rev. arch.*, 1908, I, p. 49.

4. Orose, V, 16.

5. Après l'Allia les Gaulois *caesorum spolia legere armorumque cumulos, ut mos iis est, coacervare* (Liv. V, 39).

6. Plut. *Caes.*, 26.

tandis que les Germains d'Arminius fixèrent aux chênes sacrés de la forêt de Teutobourg les enseignes prises à Varus ; les Boïens, en 216, avaient placé la tête et les dépouilles du consul tué *in templo quod sanctissimum est apud eos* [1].

Suétone parle des *in Gallia fana templaque deum donis referta* [2]. Qu'après la conquête romaine et à l'instar des Romains on aurait éternisé les dépouilles en les sculptant en frises d'armes sur les temples de la Gaule, c'est ce que peuvent indiquer certaines plaques de schiste lusitaniennes qui portent des armes en relief [3], peut-être aussi les têtes coupées qui devaient, on l'a vu, orner un des temples d'Alésia (fig. 8) ; enfin, dans la présence de scalps et de têtes coupées sur les reliefs de l'arc d'Orange et sur ceux d'un monument de Mérida, dit temple de Mars, il faut sans doute reconnaître l'action des nombreux auxiliaires gaulois ou celtibères de César en Gaule et d'Auguste en Espagne. Mais rien ne vient confirmer les dires d'Ælien quand il nous montre « les Celtes élevant des trophées à la façon des Grecs à la fois pour honorer les hauts faits accomplis et pour laisser des monuments de leur valeur » [4].

V. — *Il est interdit, sous peine de sacrilège entraînant les plus cruels supplices* [5], *de rien soustraire à ce qui a été consacré au*

1. Liv. XXIII, 24.
2. Suet. *Caes.*, 54.
3. S'il faut voir des trophées dans les dalles de schiste du Portugal qui portent en relief une épée au fourreau ou une hache à tranchant convexe, elles doivent avoir été sculptées sous l'influence des trophées monumentaux romains, cf. Leite de Vasconcellos, *O Archeologo portugues*, 1908, p. 300 et 305 ; *Jahrbuch*, 1910, Anz., p. 336. Mais il vaut mieux probablement y voir des dalles tumulaires de l'âge de bronze avec Déchelette, *Manuel*, II, p. 491. Il n'y a rien non plus qui soit nécessairement indigène dans les boucliers et les avants de vaisseaux qui auraient été exposés au temple d'Athéna à Odysseia, Strabon, III, p. 157.
4. Aelien, *Hist. Var.*, XII, 23. Aelien écrit à la fin du IIe siècle de notre ère.
5. Il est probable que *gravissimum supplicium* désigne seulement par lui-même la peine capitale ; ce qui reste incertain, c'est si *cum cruciatu* désigne l'ensemble des tortures qui précédèrent l'exécution, ou, au sens propre, l'exposition préalable sur une croix. On sait que Strabon signale la crucifixion parmi les supplices religieux des Gaulois (ἀνεσταύρουν ἐν τοῖς ἱεροῖς IV, 4, 5 ; cf. Diod., V, 32, 6 : ἀνασκολοπεῖ ζῶσιν IV ; Dio. LXII, 7 : ἀνεσκολοπίσθησαν).

dieu, soit sur le champ de bataille avant que le monceau des dépouilles ait été formé, soit, après, du monceau même.

En commentant ce passage, Salomon Reinach rapproche l'espèce de maléfice qui se serait attaché à l'*aurum tolosanum* : l'or maudit qui cause le désastre de quiconque le touche[1]. Je crois avec lui que cette opinion doit avoir pris naissance en Gaule, où elle répondait à l'interdiction rappelée par César ; mais il ne me semble pas que le rite des têtes coupées contredise cette interdiction autant qu'il semble le penser.

Sans doute, il y a contradiction apparente ; mais ne peut-on la résoudre ? On pourrait essayer de montrer que César décrit le rite celtique pur tandis que la décollation des vaincus serait une coutume des peuplades voisines, germaniques ou ligures. On l'a constatée chez les Germains, et les Scordisques peuvent être revendiqués comme Germains, comme on l'a fait pour les Bastarnes — pour ma part, je les crois des Gallo-belges comme les Boïens chez qui on a relevé le même rite —. On pourrait soutenir aussi que Posidonios ne parle que des Gaulois plus ou moins ligurisés de la région de Marseille où se trouvent les monuments les plus caractéristiques pour l'étude de notre rite — Hyères, Sisteron, Evénos, Antremont, Orange. Mais, contre cette attribution exclusive du rite aux Ligures ou aux Germains, on peut invoquer différents arguments : d'abord, une communauté de rite entre ces deux peuples qui ne furent pas en contact immédiat s'explique précisément par l'intermédiaire des Gaulois qui s'étendaient entre leurs confins respectifs[2] ; puis, le rite est bien attesté par les monnaies pour les popula-

---

1. S. Reinach, *loc. cit.*, p. 35. Voir, en dernier lieu, sur le montant des trésors enlevés par Caepion, une note de G. Bloch au *Congrès archéologique de Rome*, 1913 et *Rev. d. ét. anc.*, 1913, p. 278.

2. Que la pénétration s'est bien faite de Gaule en Germanie on en a un indice dans le fait que c'est le mot celtique désignant la victoire, *bheudi*, qui a donné l'allemand *beute*, d'où notre *butin*. Les Germains n'auraient connu vraiment le butin que par les victoires remportées au service des Gaulois. En signalant ce fait (*C. R. Ac. Inscr.*, 1907, p. 172 ; *Rev. Arch.*, 1907, I, p. 324 ; *Revue Celtique*, 1907, p. 130), d'Arbois de Jubainville rappelait que les écuyers que Posidonios montre remportant les dépouilles sanglantes pouvaient être des Germains. Ces écuyers s'appelaient *ambacti* (Caes., VI, 159 ; cf. Pol., III, 18, 12 ; Diod., V, 29). De là le vieil-allemand *ambaht* (homme de

tions de l'Armorique et du Sud-Ouest, celtiques entre toutes.

Aussi bien, cette contradiction apparente ne peut-elle pas se résoudre, je crois, par des différences ethniques.

La contradiction, en effet, — si contradiction il y a, — ne se limiterait pas à l'enlèvement de la tête; l'extrait de Posidonios nous apprend aussi, on l'a vu, que le vainqueur s'emparait des dépouilles de l'ennemi décapité et l'histoire des invasions gauloises est pleine de textes qui nous parlent du butin enlevé; beaucoup de leurs expéditions n'ont pas eu d'autre but. En 288, les Sénons et leurs voisins Transalpins poussent une fructueuse razzia jusqu'en territoire romain; au retour, en Tyrrhénie, une sédition éclate à propos du butin; une partie est détruite, non sans mort d'hommes, et Polybe remarque « c'est assez la coutume des Gaulois lorsqu'ils ont fait quelque capture, surtout quand le vin et la débauche échauffent leur tête »[1]. Dans un engagement, avant Télamon, les Gæsates font un riche butin en prisonniers, bestiaux et bagages; le roi Anerœstos leur conseille de retourner les mettre à l'abri dans leurs foyers; pendant la bataille, ils forment une sorte de parc avec toutes les prises, sur une éminence voisine[2]. — On voit les Celtibères de Sertorius se partager le butin[3], et les Silures en Grande Bretagne agir de même avec dépouilles et prisonniers. Quand leur chef Caractacus fut exhibé à Rome, il était orné « des ornements militaires, des colliers, des trophées conquis par lui sur les peuples voisins[4] ». La plupart de ces décorations militaires que les Gaulois paraissent avoir portées, sur eux ou sur leurs enseignes, ne sont que des symboles des dépouilles conquises

service, d'où *ami* fonction), d'où notre *ambassade*. D'Arbois rappelait aussi que Cûchulainn pensait que s'emparer des vêtements, des armes, des chars et des chevaux des ennemis vaincus aurait été un acte indigne de lui; il se bornait à couper et à enlever les têtes.

1. Polybe, II, 19.
2. Polybe, II, 26 et 28. Cf. p. 29, n. 3. En feuilletant Tite Live on trouverait encore de nombreuses mentions du butin fait par des Gaulois : en 201 celui fait à Plaisance suffit à charger 200 chariots (XXXI. 21); peu après il mentionne celui des Sédétans (XXXI, 49), celui des Boïens (XXXIII, 37), celui des Lusitaniens (XXXV, 1), celui des Ligures (XXXV, 4).
3. Plutarque, *Pomp.*, 19.
4. Tacite, *Ann.*, XII, 36 et 39.

tout comme le sont chez les Romains, colliers et bracelets, lances et boucliers en réduction : il est possible que les Romains eux-mêmes aient porté sur leurs enseignes une forme stylisée du scalp [1].

Il est donc avéré, d'une part, que les Gaulois recueillaient et conservaient le butin, d'autre part qu'ils le laissaient à la corruption naturelle ou en activaient la destruction.

Cette apparente contradiction s'explique, — ou plutôt elle s'éclipse, — si l'on considère de plus près le rite lui-même.

Tout combat peut affecter deux formes et ces deux formes retentissent sur le sort fait aux dépouilles : il peut être collectif ou singulier. S'il est collectif, il est manifestement impossible aux vainqueurs de savoir quel est l'ennemi que chacun a tué ; cadavres et armes jonchent pêle-mêle le champ de bataille ; sur tout a passé le souffle mortel du génie de la guerre à qui l'on a voué l'armée ennemie ; tout ce qu'a contaminé ce souffle de feu est retranché par là même du domaine des vivants et quiconque y toucherait, contaminé par la force destructice qui s'y est manifestée, risquerait de la transmettre à son tour.

A donner une telle intensité à cette croyance, deux phénomènes naturels ont dû contribuer : la foudre et la putréfaction. La foudre, qui parait avoir passée en Gaule pour l'éclat de la hache de pierre du dieu destructeur frappant l'enclume céleste, la foudre ne détruit pas seulement ce qu'elle frappe ; elle ravage aussi tout ce qui est en contact avec l'objet frappé, sans qu'on puisse voir comment son action s'est transmise : l'action destructrice du dieu des batailles a dû être assimilée à celle du maître de la foudre et c'est pourquoi ces deux conceptions divines sont associées chez les Gaulois et les Germains dans la personne de Wotan ou de Taranis, d'Esus ou de Smertullos, de Sucellus ou de Latobios, dieux de la foudre et de la guerre qu'arme le maillet ou la hache. Que l'action qui s'est manifestée au

---

1. Voir mon article *Signa* du *Dictionnaire des Antiquités*, p. 1315. J'espère montrer quelque jour l'origine gauloise de certains des *dona militaria* en me fondant sur le nom de *torques* consacré aux colliers d'honneur et sur l'emploi que fait Polybe du mot *gaison* pour désigner la *hasta pura*. Rappelons aussi les Calédoniens de Galgacus *sua quisque decora gestantes* (Tac., *Agric.*, 29).

sein d'une armée vaincue est bien assimilable à celle qu'exerce la foudre, c'est ce que les effets de la putréfaction ont dû confirmer aux yeux des primitifs. Que Pourrières marque ou ne marque pas la plaine qu'a engraissée le sang des Teutons, tout champ de bataille se transforme à l'origine en *campi putridi*. Les primitifs ont dû constater de bonne heure la pestilence qui s'en dégage tant qu'il reste de la chair sur les os, pestilence qui cesse dès que la chair a disparu et que les os, seuls, blanchissent au soleil. Ils ont dû en conclure que, tant que le dieu n'avait pas rassasié sa faim sur les victimes qui lui avaient été vouées, il punissait, en le frappant d'une maladie mortelle, quiconque touchait à ce qui lui était consacré. C'est de là que viennent, d'une part la conception du génie de la guerre sous les espèces d'un des carnassiers qui hantent les champs des morts, chien loup, ours ou corbeau ; d'autre part, les supplices affreux auxquels César nous apprend qu'on condamnait ceux qui avaient dérobé quoi que ce soit aux dépouilles consacrées aux dieux. Ce n'est pas le larcin qu'on poursuivait en lui-même, c'est l'irritation du dieu frustré qu'on voulait empêcher de se manifester par une pestilence ; pour l'éviter, il n'était pas de meilleur moyen que de tuer le porteur de la souillure et de le tuer par ces supplices religieux — pendaison ou noyade, crucifiement ou bûcher — qui devaient plaire au dieu irrité. Ainsi, dans le combat collectif, tout, choses et gens, appartient à la divinité.

Il en est autrement dans le combat singulier. Ici, deux hommes sont aux prises — ou, si le combat s'étend à un nombre égal de guerriers des deux partis, ils sont aux prises deux à deux. Chaque vainqueur sait donc quel adversaire il a tué. L'instinct le pousse à s'approprier le vaincu et tout ce qui lui a appartenu. Aucune crainte religieuse ne vient combattre cet instinct. Dans le combat singulier, en effet, combat qui, dans l'évolution humaine, est antérieur au combat collectif, les adversaires ne comptent que sur eux-mêmes : ils ont confiance chacun dans sa force. Rien ne les pousse à invoquer une énergie indépendante de celle qu'ils sentent bouillonner dans leurs veines. Quand ils l'invoquent, le combat prend, de ce seul fait, un caractère religieux : c'est le duel judiciaire, le jugement de Dieu. On y a recours quand il y a un doute que les ressources matérielles ou intellectuelles de l'homme ne lui permettent pas de résoudre ; de même, dans le combat collectif, il y a, pour le primitif, des facteurs qui lui échappent : la force ne suffit pas ; parfois, elle est primée par le nombre ; parfois, au contraire, le nombre ne suffit pas contre elle. De toute façon, il y a de l'inconnu, du mystère. C'est pour y remédier que, de part et d'autre, on en a appelé au dieu.

L'appel au dieu n'est pas nécessaire dans le combat singulier, s'il n'a pas caractère ordalique. On sait combien, à côté du duel judiciaire [1], le duel simple, jeu de la force et preuve de la vaillance, est resté en estime chez les Celtes [2]. Or, à côté des duels antérieurs ou extérieurs à la bataille, toute bataille peut comporter un certain nombre de combats singuliers. Il sont surtout nombreux entre cavaliers, les nobles Gaulois combattant de préférence à cheval. Posidonios, on l'a vu, ne semble tenir compte que des cavaliers lorsqu'il parle des têtes coupées.

A côté des cavaliers qui portent la tête de l'adversaire au poitrail de leur cheval, on a indiqué qu'il fallait peut-être placer les fantassins qui l'auraient fichée à la pointe de leurs lances. Pourtant, il est possible que le droit de décapiter l'ennemi ait été réservé aux chevaliers. D'une part, les combats singuliers dont il était le résultat ont pu n'être licites qu'entre nobles comme au moyen âge ; d'autre part, comme je l'ai montré ailleurs [3], s'il y a fini par y avoir répartition du butin entre les guerriers, sous réserve d'une part consacrée au dieu, c'est que les guerriers, dans les armées de type féodal comme l'était l'armée gauloise, sont autant de petits chefs ; leur droit

1. Pour le duel ordalique chez les Gaulois, voir César, VI, 13, 8. Le duel entre les candidats à la grande prêtrise gauloise doit être rapproché du rite bien connu de Némi.

2. Pour le duel militaire, un guerrier gaulois provoquant un soldat romain, voir par exemple Val. Max. III, 2, 21 ; ou, pour deux Gaulois entre eux, l'anse d'un cratère de Pompéi, *Museo Borb.* VIII, pl. 15.
Encore en 90 on voit un Gaulois de l'armée de Cluentius provoquant un Numide de l'armée de Sylla (Appien, *B. civ.* I, 50).

3. Pour l'exposé de la théorie résumée ici, voir mon mémoire : *Les trophées et les origines religieuses de la Guerre*, dans *Revue d'Ethnographie et de Sociologie*, 1913, p. 210-50.

au butin émane de celui du général en chef qui tient le sien, pour l'expédition où il commande, du rôle qu'il assume de délégué et de représentant du dieu. Du moment que les dépouilles sont « un droit divin », — on pourrait dire aussi bien « droit régalien », le roi tenant ses droits de son origine divine, — on comprend que seuls, les nobles puissent se les partager. Dans la Rome des premiers siècles, dont les institutions ressemblent tant à celles des Gaulois du temps de César, on retrouve, aussi profondément marquée, la distinction entre le butin collectif et le butin individuel.

Le butin individuel, ce sont les *manubiæ*, ce que chacun a enlevé de main propre à l'ennemi : *quod cuique fors belli dederat, quod cuique sua manu ex hoste captum domi rettulerat*[1]. Un Siccius Dentatus a pu gagner par sa valeur plus de trente de ces panoplies, la plupart conquises en combat singulier, *pleraque provocatoria*. Au contraire, rien ne doit être distrait du butin collectif et une clause du serment militaire y oblige les soldats sous les peines les plus sévères : ce n'est que peu à peu que le consul reçut le droit de disposer d'une partie du butin et que cette part, en s'agrandissant, retomba, en manne bienfaisante, sur tous les guerriers.

⁂

Ainsi, enlever la tête rentre dans la série des coutumes qui permettent au vainqueur de dépouiller l'ennemi tué en combat singulier. Pourquoi choisit-il la tête de préférence et pourquoi semble-t-il lui attribuer une valeur particulière qui en fait un véritable fétiche [2]?

C'est que les Gaulois ont dû appartenir au groupe très nombreux de peuples chez qui la tête passait pour le siège de l'âme (en ne désignant sous ce nom que la force vitale qui anime le corps) : si l'on veut attester et exercer une maîtrise

---

1. Liv. V, 20. Cf. l'article cité à la note préc.
2. C'est une survivance de cette valeur attachée à la tête — valeur exceptionnelle qu'implique la nature, — qu'on pourrait voir en ce fait que,

absolue sur le mort, c'est de sa tête qu'il convient avant tout de s'emparer [1].

Que les Gaulois attachaient cette importance à la tête, c'est ce dont, en dehors de la coutume étudiée, on peut alléguer au moins deux indices : l'un emprunté à leurs descendants,

dans nos duels et nos luttes courtoises, il est mal venu de viser à la tête, tandis que tout l'effort des sauvages qui ne connaissent encore que la matraque ou le casse-tête — l'une et l'autre sont des armes gauloises, *mataris* et *cateia* — est de frapper à la tête. Les hommes ont dû remarquer de bonne heure que le même coup, frappé sur une côte, ne terrassait pas l'adversaire, tandis que, à la tête, il l'abattait par terre. L'évanouissement, la simili-mort que causent les coups violents à la tête, ont dû les confirmer dans l'idée que la tête était le siège de la force vitale. D'où l'importance qui lui est prêtée.

[1]. Aucune étude d'ensemble n'a été consacrée par les ethnographes à cette question des têtes coupées. Elle ressort, d'ailleurs, à toutes les croyances où la tête du mort, — et, en général, une partie privilégiée du corps humain, — joue un rôle. Bon nombre d'anciennes références ont été réunies par P. Sébillot sous la rubrique « La tête de mort », section XXII du recueil de traditions intitulé « Le Corps humain » (*Rev. des Trad. Populaires*, mai 1911). J'ajoute quelques références, plus récentes que les siennes, à des études plus scientifiques et plus spécialement consacrées à la tête coupée. Pour l'Inde : sur les Naga de Manipour, peuplade primitive de l'Himalaya birman, *Journal of Anthrop. Inst.*, XI et le mémoire de Hodson analysé dans *L'Anthropologie*, 1912, 479. Pour l'Indonésie, l'ouvrage d'Alb. C. Kruyt, *Het Koppensnellen der Toradjas van Midden-Celebes* (Amsterdam, 1899) analysé par Van Gennep dans la *Rev. de l'Hist. des Religions*, 1901, II, 462, et, pour Formose, W. Muller, *Zeitschr. f. Ethnol.*, 1910, p. 232. Pour l'Australasie, Keane, *Australasia* (2 vol. 1908) et, sur les indigènes du détroit de Torrès, A. C. Haddon, *Head-Hunters*; pour les Philippines, C. de Witt Willcox, *The head hunters of northern Luzon* (1913). Pour la Polynésie, E. Caillot, *Les Polynésiens orientaux* (Paris, 1910; De Rochas, *La Nouvelle-Calédonie*, p. 177; et, sur les Marquises Dr Tautain, *L'Anthropologie*, 1890, p. 443. Pour l'Amérique du Nord, Dr G. Frederici, *Scalpieren und aehnliche Kriegsgebraeuche in Amerika* (Brunswick, 1908, et ses notes dans le *Globus*, 1908, p. 201 et 222), ouvrage qui est le plus complet publié sur la question avec bibliographie. Ajoutez toutefois J. Boyd Grinnell, *American Anthropologist*, 1910, p. 296 ; pour le Mexique des Aztèques, Hamy, *Bull. de la Soc. d'Anthrop.*, 1883 ; pour le Pérou pré-incasique, Capitan, *C. R. Acad. Inscr.*, 1910, p. 112 ; pour l'Amérique du Sud, l'étude d'ensemble de P. Koch sur l'anthropophagie sud-américaine (*Internat. Archiv. f. Ethnogr.* XII, 1899) et, sur les Jibaros du Brésil, chez qui la conservation et le fétichisme de la tête atteignent leur apogée, l'étude du Dr Rivet, *L'Anthropologie*, 1908, 69, 243 et 667. — Pour les tribus du haut-Niger, A. J. N. Tremearne, *The tailed head-hunters of Nigeria* (Londres, 1912).

l'autre à leur prédécesseurs. Ce sont, d'une part, les nombreuses superstitions qui s'attachent encore à la tête de mort en Bretagne, la terre celtique par excellence ; leur mise à part, en place d'honneur, dans les ossuaires, ou leur conservation en de petites boîtes dans l'intérieur des églises [1] ; dans l'île écossaise d'Eigg on montrait encore au XVIIe siècle des squelettes sans tête en disant que celles-ci avaient été coupées par les ennemis [2]. D'autre part, ce sont les superstitions qu'attestent pour les habitants de la Gaule à l'époque de la pierre polie, la trépanation posthume et l'emploi comme amulettes des rondelles de crâne [3]. D'après les usages analogues de certains sauvages d'aujourd'hui, on s'accorde à croire que cette trépanation s'opérait dans les maladies qui paraissaient dues à une emprise démoniaque et causaient de violents maux de tête, de la migraine à l'épilepsie. Pour guérir le malade, ou, s'il était mort de sa maladie, pour l'en délivrer dans l'autre vie, il fallait permettre de sortir au démon qui s'agitait dans la boîte crânienne. Le crâne qui avait été habité en gardait une empreinte surnaturelle et, par application des principes de la magie sympathique, on s'imaginait que des fragments de ce crâne pourraient préserver du mal qui l'avait possédé. Ces croyances ont survécu : boire dans le crâne de Saint Charles le Bon passait pour guérir les fiévreux en Belgique et la médecine populaire employait encore couramment au XVIIIe siècle la poudre ou la cendre de crâne contre les maux de tête et les maladies épileptiques.

Si même l'on n'admet pas que ce soit par les Celtes que ces croyances préhistoriques aient survécu en Occident, — on ne voit guère, pourtant, comment elles se seraient transmises

1. Voir le travail cité à la n. précédente de P. Sébillot. On conserve aussi dans ces chapelles des massues dont on touche la tête des vieillards, pour adoucir leur agonie, dit-on ; naguère, évidemment, pour y mettre fin ; cf. *L'Anthropologie*, XII, p. 206, 711.
2. Mac Culloch, *The religion of the ancient Celts* (1911), p. 241, n. 5.
3. On sait que l'étude de la trépanation préhistorique est due à Broca. Voir ses communications à la Société d'Anthropologie, 1875 et 1876 et ses articles dans la *Rev. d'Anthropologie*, V, p. 285, VI, p. 207. De son côté, Piette reconnaissait des têtes d'ennemis rapportées à la grotte dans certains crânes qu'on rencontre isolés parmi des dépôts magdaléniens (Gourdan, Mas d'Azil), *Bull. Soc. Anthrop.*, 1873, p. 408.

1. Le chef salyen d'Antremont rapportant une tête coupée suspendue au poitrail de son cheval.

autrement —, ce qui n'est pas douteux c'est qu'ils ont attribué à la tête une valeur qu'on peut dire *capitale*, au sens propre du mot qui se rattache lui-même à ces croyances. C'est ce qui ressort de la comparaison qui nous reste à tracer entre le sort fait à la tête coupée en Gaule, tel que les auteurs permettent de le reconstituer, et ce que les voyageurs nous apprennent des rites des sauvages modernes qui continuent à couper la tête de leurs ennemis en trophée de guerre. A la lumière de ces rites, on verra ceux des Celtes s'expliquer logiquement.

Port et transport de la tête de l'ennemi par le vainqueur. — Le Gaulois la porte suspendue à l'encolure de son cheval[1] comme on le voit sur le pilier d'Antremont (pl. III), ou à la pointe de sa lance ; ou encore, semble-t-il, il s'orne de son scalp comme coiffure ; les Scandinaves pendaient la tête à leurs étrivières[2]. Après la mort de Cûchulainn, dont la tête a été coupée par Lugaid, Conall Cernach, qui l'a vengé, va porter à Emer, que le héros aimait, les têtes de ses meurtriers enfilées en chapelet[3]. On voit les Peaux-rouges placer leurs scalps sur leurs mocassins et les Indonésiens sur leurs boucliers, et l'on peut rappeler que, chez les Grecs, la tête repoussante, dite *Gorgonéion*, n'est pas fixée seulement au milieu du bouclier, mais parfois aussi sur les cnémides. Ne peut-on surprendre ici l'idée de la force qui se dégage de la tête fraîchement coupée? Comme celle de la Gorgone, on doit craindre qu'elle ne foudroie qui la regarde[4]. N'est-ce pas dans cette intention que Cûchulainn, offrant le combat à l'armée de Madb, se bornait à brandir vers l'ennemi neuf têtes dans

---

1. Les Tartares de Khiva enferment les têtes coupées dans un sac pendu à l'arçon de la selle; les Gallas d'Éthiopie suspendaient les phallus tranchés à la tête de leurs chevaux. — En Gaule, le nom de Mercure ayant été certainement donné parfois à un dieu à la bourse ou au sac qui était en réalité un dieu de la guerre, on peut se demander si ce sac n'était pas destiné, dans ces cas, aux yeux des Gaulois, à recevoir, non des grains, mais des têtes coupées.

2. Weinhold, *Alt Nord.-Leben*, p. 310.

3. D'Arbois, *Cours de litt. celtique*, V, p. 352-3.

4. Faut-il rappeler que les superstitions relatives à la tête de la Gorgone sont restées vivaces au Moyen Age? Voir le mémoire de S. Reinach sur *La tête magique des templiers* (*Cultes et Mythes*, IV) et le mien sur le *Klapperstein de Mulhouse* (*Bull. du Musée de Mulhouse*, 1913).

une main et dix dans l'autre? On place donc la tête de façon qu'elle ne puisse regarder le meurtrier, mais on la place en même temps de façon qu'on puisse la voir de loin : car elle est le signe le plus frappant de la victoire. Les têtes au bout des piques n'ont pas cessé d'être comme l'emblème des victoires populaires.

Marche et chants de triomphe qui accompagnent le vainqueur [1]. — Ce ne sont pas là seulement des marques de joie, ces danses et ces cris qui traduisent naturellement chez l'homme l'exultation victorieuse et qu'on retrouve chez tous les sauvages quand ils rapportent les dépouilles de leurs ennemis : il suffit de rappeler la fameuse danse du scalp des Peaux-Rouges. Ce sont aussi des moyens apotropaïques : comme il faut éviter le regard du mort, il faut chercher à l'étourdir et à l'assourdir. Et ce regard n'est pas le seul qu'on cherche à écarter. De bonne heure, on s'est imaginé que les esprits des morts cherchaient à arracher au vainqueur sa proie, à lui reprendre l'âme qu'il leur enlevait : ce sont ces mauvais esprits, que, ici comme dans tous les actes de la vie militaire, les danses des armes et le vacarme des instruments de musique cherchent à écarter [2].

Fixation de la tête. — Parvenue, sans avoir causé ni subi de mal, à la demeure du vainqueur, quel sort est réservé à la tête ?

Posidonios nous apprend qu'on la fixait aux « propylées » des maisons et on a lieu de croire qu'on l'attachait aussi aux arbres sacrés [3]; certains monuments nous ont semblé indi-

---

1. En dehors des témoignages de Posidonios-Diodore, se rappeler l'*ovantes moris suo carmine* de Tite-Live, X, 26, 11 et son *templo ovantes intulere* de XXIII, 24.

2. En dehors des textes cités, p. 6, n. 3, rappelons que, pendant le combat, les prêtresses des Cimbres ne cessaient de frapper les claies d'osier qui recouvraient leurs chariots, Strabon, VII, 2, 4, et, pour le *tripudium* des sauvages, rappelons ce que dit Ammien à propos des Alamans qui venaient d'enlever un vexillum romain en 366 : *quod insultando tripudiantes barbari sublatum altius ostendebant* (Amm. Marc., XXVII, 1.) — Sur les danses guerrières destinées à repousser les esprits des morts, cf. Frazer, *Golden Bough*, III, p. 178.

3. Outre ce qui a été dit plus haut à propos des *oscilla*, cf. Jornandes, *Get.*, 5 : huic (Marti) praedae primordia vovebantur, huic truncis suspendebantur exuviae. Cf. Grimm, *Deutsche Myth.*, I, p. 62.

quer qu'on pouvait la placer sur les autels et certaines monnaies montrent de véritables chapelets de têtes [1].

Quand on voit fixer sur un poteau la tête de chacun des meurtriers de Cûchulainn, ne doit-on pas tenir pour l'effet d'une tradition celtique la haie couronnée des têtes coupées des audacieux qui ont tenté de franchir celle qui, dans le roman breton, entoure le jardin merveilleux où se dresse l'arbre de vie et coule la fontaine de jouvence [2] ?

Toutes ces coutumes se retrouvent chez les sauvages : les têtes des ennemis y sont conservées dans les maisons (Taïti, Bornéo, Formose), au haut du poteau saillant au milieu de la case (Canaques, Jibaros), particulièrement dans celles des chefs, sur des pieux (Célèbes, Jibaros, Bakotos), ou dans la maison des morts (Bornéo, Célèbes), ou encore amoncelées au milieu d'une place publique sur des échafauds (Dahomey, Mexique), échafauds qui peuvent être consacrés au dieu comme les *tlocallis* du Mexique et les *morcaïs* des îles de la Société. Ces *tlocallis* différaient-ils des piles de têtes d'ennemis qu'on appelait en Irlande « mât de Macha », la déesse de la guerre [3] ? de ces piles qui survivent dans la *Matière de Bretagne* avec « le château d'Oeth et Anoeth », le sinistre édifice construit en ossements humains par Manawyddan fils de Llyr, l'ancien dieu de la mort ?

Chez les Nagas de l'Inde, les têtes sont parfois placées à un arbre sacré, fixées au fronton de la vérandah, ce qui est peut-être l'exact équivalent des têtes clouées aux « Propylées » de Posidonios [4]. Chez les Peaux-Rouges, à certaines fêtes

---

[1]. Peut-être faut-il rappeler ici la fréquence avec laquelle la tête humaine revient dans les colliers (comme dans toute l'ornementation) de l'Europe préhistorique. Cf. S. Reinach, *La sculpture en Europe avant les influences gréco-romaines L'Anthropologie*, 1895). Peut-être aussi les épées à poignée anthropoïde des Celtes du vᵉ siècle doivent-elles leur tête humaine à une idée de même ordre.

[2]. Voir le Mabinogi de *Geraint fils d'Erbin*, l'*Erec* de Hartmann von Aue, l'*Erec et Enide* de Chrestien de Troyes. Cf. San Marte, *Die Arthur Sage*, p. 296, 318.

[3]. Stokes, *Three Irish glossaries*, XXXV.

[4]. De même, chez les Abyssins, chez qui l'éviration de l'ennemi avait la même valeur que la décapitation en Gaule, les cavaliers, après avoir transporté les trophées phalliques à la tête de leurs chevaux, les suspendent, préparés

guerrières destinées à compter les scalps, chacun arborait sur un des côtés de son wigwam une perche supportant les chevelures conquises, perche qui fait penser au poteau des trophées gaulois que les scalps surmontent. Enfin, aux chapelets de têtes qui semblent tournoyer sur les monnaies gauloises autour du génie de la guerre [1] répondent peut-être les ceintures de têtes de morts que les Achantis portent en dansant dans certaines fêtes annuelles et les guirlandes de même composition sinistre qui se voyaient autour du palais royal de Porto-Novo. La résidence des rois Ultoniens d'Irlande, à Emain Macha, devait-elle différer beaucoup de celle du roi Dahoméen? Avec ses fondations semées de têtes, elle devait son surnom de Cro-derg « rouge-sang » aux têtes et aux langues des ennemis tués, et, à des fêtes annuelles, le guerrier irlandais étalait les langues coupées en preuve de sa prouesse [2].

L'objet de ces usages n'est pas seulement de montrer à tous la valeur de celui qui possède les têtes et de semer par elles, autour de lui, une crainte salutaire dont il bénéficie. C'est surtout une précaution de sa part vis-à-vis de l'âme du mort : comme elle est inséparable du crâne, elle restera fixée là où le crâne est fixé. Or, on verra que la tête coupée est devenue pour le primitif un véritable fétiche : on comprend qu'il fasse en sorte qu'elle ne puisse plus le quitter. Réciproquement, tout l'effort des compagnons d'un guerrier tué doit tendre à empêcher sa tête de tomber aux mains de l'ennemi. En Irlande, on paraît être allé jusqu'à couper les têtes de ses

---

et empaillés, au linteau de la porte de leur demeure (Letourneau, *La Guerre*, p. 298).

1. On peut aussi se demander si cette enfilade de perles espacées à la façon des grains d'un rosaire qui relie les têtes sur les monnaies n'est pas destinée à figurer le sang qui coule de leurs bouches ou de leur cou. C'est un ruban de sang ainsi formé qu'on voit sur une peinture qui représente la déesse thibétaine de la mort ; elle danse au milieu d'une guirlande de têtes coupées (*Musée Cernuschi, Exposition d'art bouddhique*, avril-juin 1913, n. 325).

2. Cf. D'Arbois, *Cours de Litt. celtique*, V, p. 11 ; O' Curry, *Manners and Customs of the ancient Irish*, I, p. 337 ; II, p. 9. Emmurer des crânes dans des habitations, c'est une forme du sacrifice de fondation que les Celtes ont aussi connue. Voir surtout P. Sartori, *Z. f. Ethnogr*, 1898 ; D'Arbois, *R. Celt.* 1905, p. 289. Aucune partie de la victime n'est plus propre à sauvegarder un édifice que celle qui est le siège même de sa force vitale.

propres morts pour les enterrer sous des pierres : tout *cairn* étant inviolable, l'ennemi ne pouvait plus s'emparer du trophée qui lui eût été le plus précieux [1].

Momification de la tête — C'est par une conséquence du même raisonnement que les Celtes ont conservé les têtes des ennemis les plus illustres, baignées d'huile de cèdre, dans un coffret [2]; de même, elles sont désossées et réduites de moitié par une dessiccation progressive chez les Jibaros du Brésil; elles sont nettoyées et huilées avec soins dans l'archipel océanien des Kingsmill où chaque famille les vénère et les emporte avec soin dans ses voyages. A Taïti, le crâne de tout mort est placé dans un coffret qu'on appelle « la maison du docteur » ou « du maître ». Ces coutumes s'expliquent sans peine [3]. Exposée aux intempéries, la tête peut s'altérer : par suite d'une des brèches ainsi ouvertes dans sa demeure, l'âme de son ennemi, pense le primitif, pourra s'échapper et revenir le tourmenter. Il faut donc à tout prix empêcher la tête de se désagréger et l'âme de s'envoler : de là, l'embaumement et la mise en caisse. C'est par un effet des mêmes conceptions que les Egyptiens ont été amenés à momifier les cadavres

1. O' Curry, *Manners and Customs*, I, p. CCCXXXVII. Il y aurait eu dans les *cairn* une pierre par tête de mort. — On sait que *cairn* dérive d'un mot celtique signifiant *tas de pierres* : c'est le même qui a donné son nom à la ville de *Carnuntum* en Pannonie, peut-être à celle des Carnutes (Chartres), deux centres religieux. Le tas de pierres est une des formes primitives du trophée élevé sur le champ de bataille.
2. Chez certains peuples sauvages comme les Maoris, où l'on mange les cadavres des ennemis, on ne conserve que la tête des chefs. Même pour manger leur corps, il faut s'astreindre à tout un cérémonial religieux, où une part est donnée au dieu, une à ses prêtres et où les chefs ont seuls le droit de manger le reste mais sans en avoir vu les apprêts. C'est indiquer clairement qu'à l'origine, le corps du chef ennemi était tout entier *tabou* (Letourneau, *La Guerre*, p. 126, d'après le *Voyage de l'Astrolabe*). Encore en 1896, les Chinois mangeaient le cœur et le foie de leurs ennemis pour s'imprégner de leur valeur (Sven Hedin cité par Dümmler, *Kleine Schriften*, II, p. 220).
3. Sur ces procédés et leur signification, voir G. Pinza, *La Conservazione delle teste umana*, dans le *Bullettino della Soc. geografica italiana*, 1898. Pour les masques de Papous, voir d'Albertis, *La Nouvelle Guinée*, p. 187, 226. — Un bas-relief de Ninive montre Assourbanipal banquetant sous un arbre où pend la tête momifiée et salée de son ennemi le roi de Babylone (Maspero, *Histoire ancienne des Peuples de l'Orient*, p. 469).

et à les déposer au fond d'une série de cercueils anthropoïdes s'emboîtant l'un dans l'autre. Les images des ancêtres que conservaient précieusement les patriciens de Rome n'ont pas, elles aussi, eu d'autre but : fournir à l'âme du mort un réceptacle d'où elle ne pourra plus sortir et en concentrer, au profit de son détenteur, toute l'action bienfaisante. C'est ainsi que nos statues, destinées à immortaliser les grands hommes et à les faire vivre éternellement au milieu de ceux dont ils sont l'honneur et le patrimoine national, se relient aux crânes conservés dans l'huile de cèdre des Gaulois. Le capitaine des gardes de la reine de Suède qui enleva le crâne de Descartes obéit à un sentiment qui ne diffère pas essentiellement de celui des coupeurs de crânes gaulois.

Le crâne et le scalp[1]. — Le crâne et le scalp doivent être probablement considérés comme des façons simplifiées, ou plutôt abrégées, de conserver la tête d'un ennemi. Elles supposent qu'on limite ou à la boîte crânienne ou à la chevelure le siège de la force vitale : la trépanation préhistorique et l'histoire de Samson semblent indiquer que ces croyances remontent à la plus haute antiquité. Comme l'homme a dû constater de bonne heure que le crâne était le siège de la pensée, il a remarqué que le développement de la chevelure coïncidait avec celui de la virilité. Pour les scalps, un autre élément s'ajoute à ces considérations : on peut l'enlever à la tête sans que mort s'en suive et l'on sait que les Peaux-Rouges s'y provoquent en se facilitant l'opération par les mèches enrubannées qu'ils disposent sous le nom de « boucles de guerre » ou « touffes de scalp ». On peut se demander si tel ne fut pas aussi l'objet originel du toupet ou du nœud qui caractérisent les coiffures de certains Gaulois ou Germains[2].

1. En dehors des scalps figurés sur les trophées d'Orange, je rappelle qu'on peut conclure à la connaissance de cette pratique en Gaule par certaines têtes du pilier d'Antremont (cf. p. 25) et par celles que tient le monstre de Noves (cf. p. 32) ; sur ces têtes l'absence totale des cheveux, si nettement indiqués sur les autres, était sans doute destinée à faire comprendre qu'elles avaient été scalpées. Chez les sauvages modernes qui, comme les Jibaros, pratiquent à la fois la décollation et le scalp, la chevelure est parfois laissée à la tête momifiée, dite *tsantsa*, parfois enlevée pour orner la ceinture du vainqueur.
2. Voir ma note sur un « Gaulois mourant » du Musée Calvet, *Mém. de l'Acad. de Vaucluse*, 1913.

Il suffit d'avoir pu scalper un ennemi pour qu'il ait perdu sa force et qu'elle ait passé en votre puissance. Enfin, si le crâne se prête plus aisément à dresser ces pyramides qui auraient atteint jusqu'à 90.000 crânes dans la Bagdad de Tamerlan et 136.000 dans le Mexico des Aztèques, le scalp est aisé à porter sur soi : les Peaux-Rouges en font des franges à leurs vêtements et ils peuvent s'en servir de la façon qu'Hérodote rapporte pour les Scythes : ils s'essuyaient à la chevelure des crânes qu'ils employaient comme coupes [1].

Cet emploi du crâne comme coupe est aussi connu des Peaux-Rouges comme il l'était des Gaulois [2]. Il a pu, à l'époque préhistorique, n'avoir qu'un but utilitaire : avant de savoir faire de la poterie, l'homme a dû se servir comme vase à boire d'un crâne, coupe plus pratique que la pierre creusée ou la calebasse de fruit, seuls récipients que connaissent encore certaines tribus de l'Australie méridionale. Les rhytons de la Grèce classique, ces vases en forme de têtes d'animaux qu'on trouve dès le début de la civilisation égéenne [3], ne sont que des imitations des tête réelles qui, antérieurement, servaient de hanap.

Mais le primitif ne se sert du crâne comme coupe qu'après l'avoir vidé, et l'étude des restes de ses repas permet de croire que la cervelle était pour lui un morceau de choix comme la moelle. Cette prédilection a pu déjà avoir pour cause la croyance que le cerveau était le siège de la force vitale. Ce

1. Voir p. 13.
2. Des trois textes cités p. 9-10, les deux qui attribuent aux Scordisques l'usage de boire dans des crânes humains ne peuvent être acceptés sans réserves, d'autant plus que celui d'Ammien ajoute à celui de Florus un nouveau trait de férocité : ce serait du sang humain que les Skordisques boiraient dans les crânes de leurs ennemis. Ce ne sont peut-être là que des enjolivements de rhéteurs amplifiant sur le thème de la férocité gauloise. Il est possible que les Skordisques aient seulement agi comme les Boïens de Tite Live donnant les crânes des chefs ennemis comme coupes à leurs dieux. On a vu que Silius Italicus, bien qu'il ait eu sous les yeux le texte de Tite Live, montre les Boïens se servant de ces crânes aux banquets, *mensis*, alors que l'historien ne parle que des libations sacrées, *sollemnibus libarent*.
3. Cf. G. Karo, *Minoische Rhyta* dans *Arch. Jahrbuch*, 1912. Sur la boîte crânienne comme siège de l'âme dans les croyances orientales, cf. Gauckler, *Le temple syrien du Janicule* (1913).

serait ainsi par un legs des temps préhistoriques qu'on aurait continué à offrir des libations à certaines divinités gauloises dans les crânes des chefs ennemis, comme c'est par un vestige aussi de l'âge de la pierre que les Romains frappaient avec un silex le porc garant d'un traité.

Si le crâne est parfois enchâssé d'or [1], ce n'est pas seulement qu'on lui donne ainsi plus de prix ; c'est surtout que l'or est une matière entre toutes pure et inaltérable [2]. Ainsi enchâssé, le crâne consacré au dieu sera impérissable comme lui : c'est bien ce qui convient à *quod sanctissimum est apud eos*, comme Tite Live le dit pour les Boïens. Que des vestiges de ce cannibalisme religieux aient été pratiqués par les Gaulois, c'est ce dont on peut alléguer quelques indices en Irlande, où on continuait au Moyen âge à boire le sang des parents décédés pour hériter de leurs vertus [3] ; on enlevait aussi le cerveau de l'ennemi tué, et après l'avoir mêlé à de la terre, on gardait comme un trophée la balle ainsi produite qu'on appelait *taṭhlum* [4] ; dans les Highlands, la médecine populaire engageait encore récemment à boire dans le crâne d'un suicidé — il a remplacé l'ennemi tué [5] ; dans la légende irlandaise, le lait bu dans le crâne de Conall Cernach, — ancien dieu cornu tombé au rang de héros —, passait pour rendre leurs forces aux guerriers affaiblis [6]. Il n'y a donc rien de surprenant à ce

---

1. Le *calvam auro cælavere* de Tite Live pourrait s'entendre « ils remplirent la cavité crânienne d'or ».

Mais ce n'est pas ainsi que l'entendait Silius qui transpose en vers *vacui capitis... circumdare... ossa... auro* « entourer le crâne d'or » et il est évident que, si on avait rempli d'or la cavité, le crâne n'aurait plus pu servir comme coupe. Il faut donc entendre par *calva* la surface du crâne dépouillée de la chair et de la chevelure (d'où notre *calvitie* et le latin *decalvatio* dont *scalp* paraît dérivé par les langues germaniques).

2. C'est pour la même raison sans doute qu'on trouve, en pays celto-germain des haches-amulettes à foudre entièrement enchâssées d'or, Furtwaengler, *Der Goldfund von Vettersfelde* (1883), pl. I.

3. Mac Culloch, *The religion of the ancient Celts*, 1911, p. 240.

4. O' Curry, *op. cit.*, I. Cf. le *mhamba* africain (Junod, *Les Ba-Ronga*, p. 128).

5. Mac Culloch, *op. cit.*, p. 242.

6. *Zeitschr. f. celt. phil.*, I, p. 106.

que les Irlandais, comme le rapporte Solin à la fin du IIIe siècle, se soient barbouillés le visage avec le sang des vaincus avant de le boire [1]; trois siècles auparavant, ils pouvaient manger leurs ennemis, comme l'affirme Diodore [2], et leurs parents, comme en témoigne Strabon [3]. Entre ces deux formes de cannibalisme il n'y avait pas de différence essentielle : on verra qu'il s'agit toujours d'absorber la force vitale du défunt et de s'assimiler son expérience. Pline a raison de dire que les Bretons considéraient la mise à mort d'un être humain comme un acte très religieux et l'absorption de sa chair comme un remède excellent [4].

La tête comme fétiche. — Que la tête coupée ait été vénérée en Gaule comme un fétiche, c'est ce qui ressort déjà de tous les aspects sous lesquels nous venons de l'examiner. Deux des faits que les auteurs ont transmis à son égard viennent le confirmer : les Gaulois aimaient à montrer les têtes conservées chez eux en rappelant par quel exploit chacune avait été conquise; ils refusaient de les vendre même au poids de l'or. Or, nous retrouvons ces traits chez les peuples chez qui le fétichisme de la tête est le plus avéré. Ainsi, chez les Peaux-Rouges, les scalps équivalaient exactement à nos décorations. Les acheter ou les vendre, c'était se déshonorer. A la mort d'un guerrier, ses scalps étaient mis avec lui au tombeau. Chez les Achantis du Dahomey, chaque crâne d'un chef ennemi vaincu, conservé souvent au voisinage du fétiche de la tribu, a sa légende, avec des chants composés en son honneur. La tête préparée en *moka-mokaï*

---

1. Solin, 22, 2 : *sanguine interemptorum hausto prius victores vultus suos oblinunt.*
2. Diod., V, 32, 3 : φασί τινας ἀνθρώπους ἐσθίειν ...τοὺς κατοικοῦντας τὴν ὀνομαζομένην Ἶριν.
3. Strab., IV, 5, 4 : ἀνθρωποφάγοι ...τούς τε πατέρας τελευτήσαντας κατεσθίειν ἐν καλῷ τιθέμενοι.
4. Plin., XXX, 1, 1. Cf. César, B. G., VI, 16, 2 : *qui sunt affecti gravioribus morbis quique in proeliis periculisque versantur aut pro victimis homines immolant aut se immolaturos vovent.* Dans ces termes on peut comprendre les sacrifices de prisonniers et le canibalisme reprochés aux Galates, Liv. XXXVIII, 47, 12; Diod. XXXI, 13; Paus. X, 22, 3. Cf. p. 38, n. 5.

est aussi précieuse aux Maoris que la *tsantsa* pour les Jibaros du Brésil chez qui un véritable culte est rendu à la tête ennemie, suspendue au pilier principal de la case [1].

« Ils ne se désaisissent d'un pareil talisman qu'avec difficulté et Barrero raconte qu'il dut user de ruse pour en obtenir un échantillon » [2]. Quand à la ceinture de scalps, « jamais le Jibaro ne consent à prêter cet objet qui est la preuve évidente du nombre de ses exploits et à sa mort, ses parents en ceignent son cadavre ». A en juger par les têtes isolées trouvées parfois dans des tombes aux côtés d'un guerrier Gaulois, elles ont dû l'accompagner de même dans l'autre monde. Un voyageur du xvie siècle a dit des Jibaros : « La première chose qu'il font quand les Français les vont voir et visiter, c'est, en récitant leurs vaillances, et par trophée, leur montrer ces têtes ainsi décharnées ; ils disent qu'ils font de même à tous leurs ennemis [3]. »

Les Gaulois n'agissaient pas autrement avec Posidonios. C'est que « la tête momifiée devient un véritable fétiche qui assure à son possesseur, à ses parents et à ses alliés, l'abondance des biens, la fertilité des champs, la prospérité de la famille et de la tribu, la victoire sur les ennemis et l'immortalité » [4]. On se rappelle la tête de Brân devenue talisman pour Londres. C'est sans doute la survivance d'un *rain-charm* ligure qu'il faut voir dans l'usage corse qui consiste, en temps de sécheresse, à faire porter processionnellement une tête de mort

---

1. On se convaincra aisément que boire dans un crâne est un vestige de cannibalisme en lisant ce qui concerne les guerres des derniers anthropophages, Fidjiens, Canaques et Maoris surtout, dans Ch. Letourneau, *La Guerre dans les diverses races humaines* (1895) et Frobenius, *Weltgeschichte des Krieges* (1902). On remarquera que, seuls, les chefs ont droit à manger leurs ennemis, comme les nobles Gaulois à conserver leurs têtes. Voici une phrase caractéristique qu'un voyageur prête à un chef de la Nouvelle-Calédonie : « Le crâne de notre ennemi blanchira au soleil devant nos cases et nos enfants riront en le voyant et sa chair fournira un bon repas à mes guerriers qui après seront plus braves et plus forts. » (Letourneau, *La Guerre*, p. 46.)
2. Letourneau, *La Guerre*, p. 147.
3. Léry, cité par Sébillot, *op. cit.*, p. 135.
4. Rivet, *L'Anthropologie*, 1908, p. 249, 250.

par un petit enfant qui finit par la jeter dans l'eau [1]. Ainsi, si le noble Gaulois conserve la tête du chef qu'il a tué comme ce qu'il a de plus précieux, ce n'est pas seulement pour affirmer sa domination sur l'âme du mort après avoir vaincu le corps, pour le dompter complètement lui et son double, ce sont les qualités du mort qu'il contraint à s'employer pour lui; par une sorte de transvasement ou de transsubstantiation, il va jusqu'à s'imaginer qu'il a absorbé la vertu guerrière de son adversaire [2]. Autant il peut montrer de têtes, ce ne sont pas seulement autant de preuves de sa valeur mais ce sont autant d'âmes subjuguées qui doivent obéir a la sienne, et, s'il consent à en distraire pour entourer l'idole du dieu ou orner son temple, c'est que, pour que son dieu de la guerre conserve lui aussi toute sa vaillance, il faut qu'il puisse se repaître des « âmes valeureuses d'innombrables héros » [3].

Adolphe REINACH.

[1]. F. C. Conybeare, Folk-lore, 1908, p. 332.

[2]. Que la force virile du vaincu soit censée passer dans le corps du vainqueur, c'est ce dont je proposerais de voir un autre indice dans cette coutume constatée en Indonésie (Formose, Bornéo, Al-Neyan) : nul jeune homme ne peut s'y marier avant d'avoir rapporté une tête d'ennemi et il peut avoir autant de femmes qu'il rapporte de têtes. La tête est-elle seulement ici, comme on le répète, une preuve de sa valeur ? N'est-ce pas plutôt que la force virile du mort qui y est incluse y vient accroître derechef sa propre virilité ? Ce serait un rite à grouper avec ceux qui expliquent les pratiques de l'initiation chez tous les peuples guerriers : ainsi chez les Peaux-Rouges, où le jeune homme n'est admis au rang des guerriers qu'après avoir dépouillé de sa main un bison dont la peau forme son bouclier et scalpé un ennemi; chez les Abyssins, un guerrier n'a droit à laisser pousser ses cheveux — signe de la virilité accomplie — et n'est estimé de sa femme que s'il a au moins un trophée phallique.

[3]. C'est à dessein que je termine sur cette expression empruntée a l'*Iliade*. Avant de devenir une formule stéréotypée, elle a répondu à des mœurs guerrières semblables à celles que nous avons essayé de reconstituer ici pour les Celtes. D'Arbois a déjà indiqué que les héros d'Homère ont eu, comme les Gaulois, l'habitude d'emporter en trophée les têtes des ennemis tués, *Cours de Litt. celt.*, VI, p. 316. J'y reviendrai ailleurs.

LIBRAIRIE ANCIENNE E. CHAMPION, Éditeur, 5, Quai Malaquais

Correspondance générale de Châteaubriand, publiée avec Introduction, Indication des Sources, Notes et Tables doubles par L. Thomas. Tomes I (avec un portrait inédit), II et III (avec un portrait inédit), in-8° de chacun 400 pages. Chaque : **10 fr.**

L'édition paraîtra à raison de deux volumes par an. Elle formera environ 8 volumes in-8 auxquels on souscrit dès maintenant. Le tirage est limité à 1.000 exemplaires numérotés sur papier d'alfa avec en filigrane la signature de Châteaubriand. Il est tiré en plus 100 exemplaires sur papier hollande Van Gelder à 20 fr. le volume et 10 exemplaires sur japon, tous numérotés (Épuisés). Les caractères employés sont d'une fonte de beau Didot, fabriqué spécialement.

Janyrais (Théophile). **Le berceau de Villiers de l'Isle-Adam.** Le manoir de Penanhoas. L'Isle-Adam. Châtelains. Hôtes. Métayers. D'après des documents inédits. 1913. In-8 de 64 pages.. **2 fr. 50**

Juigné de Lassigny (E. de). **Généalogie de la maison de Castellane.** Première partie : Des origines à la perte de Castellane (987-1262). In-8 de 96 pages. **6 fr.** »

E. Herpin. **Mémoires du Chevalier de Fréminville (1787-1848)**, Capitaine des frégates du roi, Chevalier de l'Ordre royal et militaire de Saint-Louis, de l'Ordre militaire et hospitalier de Saint-Jean de Jérusalem et de celui du Christ de Portugal, Membre des Sociétés Philomatiques et d'Histoire naturelle de Paris, 1913. In-12 de xxx-265 pages et planches... **3 fr. 50**

(Bibliothèque de la Révolution et de l'Empire). Tome VII.

Société de l'Histoire des Colonies françaises. — **Premier voyage du sieur de la Courbe fait à la Coste d'Afrique en 1685**, publié avec une carte de Delisle et une introduction par P. Cultru, 1913. In-8 de LVIII-221 pages et carte........ **12 fr.** »

Vient de paraître :

Revue de la Société de l'histoire des colonies françaises, numéro 2.

Cotisation annuelle donnant droit à toutes les publications : **25 fr.**

BIBLIOTHÈQUE DE L'ÉCOLE DES HAUTES ÉTUDES

Fasc. 188. *Annales de l'Histoire de France à l'époque carolingienne.* — **Robert Ier et Raoul de Bourgogne, rois de France (923-936)**. P. Lauer. In-8 de IV-117 pages... **4 fr.**

Fasc. 193. Saulnier (Eugène). **Le rôle politique du cardinal de Bourbon (Charles X), 1523-1590.** In-8, v-324 pages avec un portrait et un fac-similé... **7 fr. 50**

Fasc. 194. Pagès (Amédée). **Auzias March et ses prédécesseurs.** Essai sur la poésie amoureuse et philosophique en Catalogne aux XIVe et XVe siècles. In-8, XIII-471 pages et planches en couleurs.................................. **10 fr. 50**

Fasc. 195. **Essai sur la chaîne de l'Octateuque**, avec une édition des commentaires de Diodore de Tarse qui s'y trouvent contenus, par J. Deconinck. In-8, 175 pages.. **6 fr.**

Fasc. 196. Auerbach (Bertrand). **La France et le Saint Empire Romain Germanique**, depuis la paix de Westphalie jusqu'à la Révolution française. In-8, XXXIII-487 pages et 8 planches...................................... **15 fr.**

Fasc. 197. Fawtier (R.). **La Vie de Saint-Samson.** Essai de critique hagiographique. In-8, 180 pages.. **4 fr.**

Fasc. 198. Godet (M.). **La Congrégation de Montaigu, 1490-1580.** In-8, XI-220 pages et 7 planches... **6 fr.**

Fasc. 199. Legrain. **Le temps des rois d'Ur.** Recherches sur la société antique d'après des textes nouveaux. In-8, 159 p. et album de 57 planches et 1 carte, **30 fr.** L'album seul.. **25 fr.**

Fasc. 200. **Catalogue de la Bibliothèque Gaston Paris**, par L. Barrau-Dihigo. Fasc. 1.. **3 fr.**

Fasc. 201. Maspero (Jean). **Organisation militaire de l'Égypte byzantine.** In-8, 159 pages.. **4 fr.**

Fasc. 202. Morel-Fatio (A.), de l'Institut. **Historiographie de Charles-Quint.** Ire partie, suivie des Mémoires de Charles-Quint. Texte portugais et traduction française. In-8 de 369 p... **10 fr.**

www.ingramcontent.com/pod-product-compliance
Lightning Source LLC
LaVergne TN
LVHW021727080426
835510LV00010B/1162